각자의 ... 이

이 책이 치열한 세일즈의 ... 공헌하는데 도움이 되었으면 합니다.

여러분의 앞날에 언제나 행운이 함께 하길 바랍니다.

김찬호 拜上

전무님은
세일즈에 대해
이렇게 말했지

김찬호

메이드마인드

추천의 글

오준 경희대 교수 (전 유엔대사)

원래 인간의 직업은 한 가지 밖에 없었습니다. '먹을 것 구하기'였죠(관점에 따라서는 지금도 마찬가지라고 보는 사람도 있을 겁니다). 우리 모두가 수렵과 채취로 살다가, 약 1만 년 전 농경생활을 시작하면서 식량과 자원을 소유하기 시작했고 직업도 다양해졌습니다. 농부가 아닌 사람은 자신이 생산한 것을 먹거리와 바꿔야 살 수 있었기 때문에 시장도 생기고 돈도 생겼습니다. 팔고 사는 데 필요한 '세일즈'의 개념이 나온 것이죠.

'전무님은 세일즈에 대해 이렇게 말했지'의 저자 김찬호 전무가 시장이 생긴 후 최고의 세일즈맨인지는 확인할 수 없지만, 제가 만난 사람 중 가장 뛰어난 세일즈 능력을 갖고 있다고 생각합니다. 그는 책에서 자신이 말하고 있는 대로 '형님 마케팅'이 아닌 프로 마케팅을 하는 사람입니다. 제가 싱가포르 주재 한국 대사로 일할 당시 김찬호 전무를 공적, 사적인 자리에서 만날 기회가 자주 있었습니다. 그의 모든 생활은 세계 굴지의 투자은행에서 상품개발과 세일즈를 하는 자신의 커리어에 초점을 맞추고 있다는 것을 알 수 있었습니다. 저와 공유하는 취미인 음악 연주나 골프를 함께 할 때도, 그러한 취미생활이 대인관계에 활력소가 되고 삶에 재충전의 기회가 될 수 있도록 최선을 다하는 모습이 늘 인상에 깊었죠.

오늘의 세계에서 세일즈는 금융이나 상업에만 적용되지 않습니다. 제가 공직을 떠나 대학, NGO, 기업 등에서 일할 기회가 많아지면서 배운 것 중 하나가 세일즈의 중요성입니다. 정부와 달리 모든 민간 분야에서는 상품과 서비스를 제공하여 수익을 올려야 운영이 된다는 점이죠. 심지어 비영리 단체인 NGO들도 시민들이 활동을 지지하고 후원하는데 의존하는 것이기 때문에 세일즈의 개념이 적용될 수 있습니다. 김 전무가 30여 년간 세계적 금융기관에서 일하며 체득한 남다른 경험과 노하우를 혼자만 갖고 있기는 너무 아깝다고 생각했는데, 이번에 책으로 정리한 것을 보고 무척 반가웠습니다. 특히 사회에 발을 내딛는 젊은이들에게 무슨 분야에서 일을 하든지 큰 도움이 될 것으로 믿고 추천하고 싶습니다.

차례

~~~~~~

프롤로그

3. 전무님의 자기계발

프롤로그

나는 30년 동안 홍콩 싱가포르 등 아시아의 금융중심지에서 금융상품 세일즈 업무를 해왔다. 일본 프랑스 미국 독일 등 세계 각국의 외국계 증권사에서 근무하며 한국의 증권사 보험사 은행 연기금 같은 금융기관들과 수많은 거래를 해왔다. 그리고 그동안 세일즈 업계에서 한국 사람이던 외국 사람이던 많은 세일즈맨들(이 책에서는 남녀를 통칭하는 단어로 사용하겠다)이 자신의 적성에 맞지 않아서 어려워하거나 도태되는 것을 많이 보아왔다.

세일즈는 정말 을의 입장에서 비위를 맞춰야 하고 실적이 나지 않으면 급여도 보장받기 어려운 불안정한 업무일까. 나는 이 책에서는 변하지 않는 세일즈의 기본에 대해서 이야기하고자 한다. 최신 트렌드를 분석하거나 설명하기보다는 오래되고 투박해 보일 수 있지만, 이 살벌한 세일즈 게임에서 어떻게 살아남을 수 있을지, 롱런할 수 있는지에 대해 세일즈맨뿐만 아니라

넓게는 자영업자와 평범한 직장인들에게도 생존 가이드를 제시하고자 한다.

나는 세일즈맨이란 단지 금융상품뿐만 아니라 보험, 자동차, 은행, 일반 회사원, 심지어 운동선수와 연예인과 정치인 등 모든 사회 참여자들은 어떻게든 세일즈의 카테고리 안에 있다고 생각한다. 그래서 그동안 몸으로 익힌 변하지 않는 세일즈의 기본을 충실히 전하려 했다. 나는 금융 세일즈 분야에 종사했기 때문에 금융과 관련된 실례를 많이 들었지만, 이 책에서 말하고자 하는 세일즈는 유기적인 사업 분야를 망라하는 큰 범위의 세일즈라는 점을 미리 말해두고 싶다.

'노병은 죽지 않는다. 다만 사라질 뿐'이라는 말이 있다. 세일즈란 세상에 돈이 존재하는 한 죽지 않으며 다만 변화할 뿐이라고 믿는다. 나는 여기서 30년 가까이 현장에서 배우고 체득했던 것들을 공유하고자 한다. 말을 물가로 끌고 갈 수는 있어도 물을 마시게 할 수는 없다. 이것을 받아들이고 활용하는 것은 여러분들의 몫이다. '항상 자신의 위치에서 최선을 다하자'라는 나의 좌우명은 이러한 실천의 중요성을 절실히 체험하면서 만들어진, 단순하지만 중요한 세일즈맨으로서의 원칙이다.

이 책은 내가 2018 초 코메르츠 뱅크를 마지막으로 증권 세일즈 업계를 은퇴하며 딜링룸에 있는 직원들을 대상으로 어떻게 하면 세일즈맨으로서 롱런할 수 있는지에 대한 강의 내용을 기반으로 했다. 이날의 강의에 참석한 직원들의 반응은 정말 뜨거웠고 책으로 나오길 바란다는 적극적인 추천이 있었다. 이를 계기로 나는 세일즈를 시작하는 사람들이 이 분야에 특별한 지식이 없더라도 세일즈 업무에 대해 이해하기 쉬운 안내서를 쓰고자 했고, 그에 따라 전문용어 등을 최소화하여 누구나 쉽게 읽을 수 있도록 노력했다.

그런 점에서 이 책은 내가 쌓아온 성과들을 자랑하려는 것도, 누군가를 가르치려는 것도 아니며, 어려운 전문지식을 전달하려는 것은 더더욱 아니다. 기존의 "바람의 손자"라는 별명에서 "타격의 교과서"라는 새로운 별명을 공모해서 정한 프로야구 이정후 선수는 후배들이 자신의 타격 폼에서 조금이나마 힌트를 얻고 도움이 되기를 바라는 의미에서 이 별명을 선택했다고 한다. 나 역시 내가 30년 동안 겪은 노하우를 조금 더 많은 사람들에게 전함으로써 그들이 실패하는 기간을 줄여줬으면 하는 바람이다. 내가 전하는 부족한 경험이 세일즈맨으로서 롱런하고자 하는 사람들에게 조금이나마 길잡이 역할이 되기를 바랄 뿐이다.

PART 1

전무님은
세일즈를
이렇게 배웠지

세일즈의 세계에도 적성은 존재한다

불과 한 세대 전만 해도 좋은 대학을 나와 정해진 소위 '좋은 직장 리스트'에서 직업을 선택하지 않으면 주변에서 이상한 사람이라는 시선을 받았다. 예를 들어 자동차 정비 등 예전에는 대졸자가 꺼리던 직업들이 지금은 하이테크놀로지 분야로 부각되고 주방장이라고 불리던 요리사가 셰프로서 높은 대우를 받고 있으며 인기 예능 프로에도 나오고 있다. 컴퓨터 프로게이머나 인기 BJ 등의 직업들은 당시에는 선택지에 없는 것이나 마찬가지였다. 몇 년 전 영국에서 배관공들을 모아서 깔끔한 유니폼을 입히고, 회사 로고가 새겨진 같은 차를 태워서 지역적으로 손님들과 그들을 연결해주는 서비스를 하는 회사가 대박을 친 일이 있다. 배관공들도 좋은 대우를 받는 프로의 세계로 접어든 것이다.

얼마 전 뉴질랜드에 딸을 유학 보낸 고등학교 동창으로부터 고민이 있다며 연락이 왔다. 한 학기만 더 다니면 학교 선생님이 되어서 안정적인 평생직장을 가질 수 있는 딸이 카지노에 취업하고자 한다는 것이다. 그 친구를 포함한 가족들은 도대체 이해를 할 수가 없었다며 완강히 반대했다고 한다. 나중에 알고 보니 카지노 중독에 빠진 사람들을 1:1로 컨설팅하는 업무였다. 정년도 길게 보장이 되고 샐러리도 높은 편이었지만 그 친구의 가족들은 '네가 선생님을 놔두고 무슨 카지노에서 일을 하니"라며 반대 입장을 바꾸지 못했다고 한다. 20세기에 직장 생활을 해왔던 사람들의 직업관과 2000년 전후로 사회생활을 시작한 사람들의 직업관, 그리고 앞으로 사회활동을 하게 될 학생들의 직업관은 이처럼 상당한 차이가 있을 것이다.

내가 일하는 증권사의 세일즈 부서에 유능하고 적응력이 빨랐던 인턴사원이 있었다. 성격도 창의적이고 새로운 상품을 기획하는 능력도 출중해서 파생상품을 만드는 능동적인 자리를 제안했다. 그러나 그 친구는 중도에 인턴을 그만두고 매일 같은 업무를 반복하는 안정적으로 보이는 회사를 선택했다.

그 친구는 증권 파생상품에 대한 주변의 선입견이 있었고, 롱런할 수 있는 자리가 플로우 파트(고정적인 일을 고객과 주기적으로 거래를 하는 세일즈 업무 파트)에 가는 것이라는 말을 듣고 그렇게 결정했다고 한다. 그러나 새로운 것들을 기획하고 변화를 즐기는 성격이었던 그는 얼마 전 파생상품 분야로 들어올 수 있는지 알아보고 있다고 전해왔다.

대기업, 은행, 재벌가의 회사에 들어가는 것이 전부인 줄 알았던 시대에서 이제는 직업의 세계가 상당한 다양화가 이루어졌기 때문에 본인과 잘 맞는 세부 분야를 찾는 것이 매우 중요하다. 그러기 위해서 무엇보다 자기가 좋아하는 일을 선택해야 스스로 즐겁고 신이 나서 할 수 있다. 세일즈 역시 마찬가지다. 특히 투자은행의 세일즈 업무는 스트레스를 굉장히 많이 받는 분야다. 내가 이 분야에서 오랫동안 버틸 수 있었던 이유도 상품을 만들고 소개하고 성과를 달성하는 과정을 즐겼기 때문이다. 나를 잘 아는 사람들은 "당신은 스트레스를 많이 받지만 당신이 즐겨서 하고 있는 것 같다"라고 말한다. 사실이 그렇다. 나는 도전을 좋아하고 성취하는 것을 좋아한다. 그렇기에 나는 이 스트레스를 즐기며 이겨낼 수 있었다.

그리고 이것은 무모한 도전이 아니다. 내가 좋아하고 즐기는 일이라면 비록 사람들의 평가가 안 좋을 때나 보수가 적을 때에도 적극적으로 해볼 수 있다는 것이다. 주변의 상경대학을 졸업하는 젊은 친구들 이야기를 들어보면 "저는 은행, 증권, 자산운용 쪽보다는 프라이빗 뱅킹이나 헤지펀드 쪽에서 연락이 와서 그쪽으로 가려고 합니다."라고 말하는 경우가 많다. 그런데 그들은 그 분야와는 적성이 안 맞는 사람들이었고, 이들 대부분은 얼마 안 되서 회사를 나오는 경우를 많이 보았다.

또한 세일즈 업무를 하면서 실적이 안 나오면 엄청난 스트레스를 받는 일은 비일비재하다. 그 스트레스가 너무 크고 불안한데 이 일을 계속해야 하나 싶은 생각이 들 때도 많다. 그러나 도전과 성과를 즐길 수 있는 것도 세일즈맨의 적성이자 능력이라고 생각한다. 때문에 세일즈맨이라면 스트레스를 이길 수 있는 방법을 연구해야 한다고 생각한다. 외국어를 공부하거나 골프와 수영 등의 스포츠, 악기 연주, 등산 또는 낚시와 같은 취미활동 등 건전하고 생산적인 방법으로 스트레스를 푸는 방법을 가지고 있어야 한다.

앞날이 보이지 않을 만큼 힘들고 어려울 때 사람들은 소위 "존버정신"으로 버틴다고 한다. 나는 세일즈의 세계에서는 "존파정신", 즉 '한 가지를 파는 것'이 결국 성공하는 길이라고 본다. 사람들은 나이가 들어가면서 커리어를 바꾸기는 쉽지 않다는 것을 체감한다. 그런 이유로 나는 첫 직장을 굉장히 중요시한다. 사회초년기의 직장 환경과 그곳에서 진행한 프로젝트들이 앞으로의 커리어에도 상당한 영향을 미치기 때문이다.

예전에 수학을 아르바이트로 가르치는 여학생이 내가 근무하던 싱가포르로 찾아왔다. 본인은 학생들에게 수학을 가르치는 학원 강사가 적성에 맞아 이곳에서 수학 학원을 하고 싶다고 했다. 하지만 비자의 문제와 제반 상황이 안 맞아서 결국은 중간에 포기하고 말았다. 얼마 전 연락이 온 그는 현재 해외의 보험사에서 근무를 하고 있다고 했다. 좋은 직장이지만 아이들을 가르치는 일을 좋아했다면 계속했었어야 했다고 토로했다. 나는 그런 것들을 보며 참 아쉬운 생각이 들었다. 즉 적성에 맞는다면 반드시 목표로 했던 직업뿐만 아니라 유관 업무를 통해 적성을 어떻게든 살려가는 것이 필요하다고 본다. 예를 들어 음악을 하고 싶지만 재능이나 조건들이 여의치가 않다면 음악학원을 할 수도 있고, 악기를 수입하거나 공연기획 혹은 매니지먼트 같은 연계 업무도 고려해볼 수 있는 것이다. 특정 분야가 자신의 적성이 맞고 그것을 이뤄가는 과정을 즐길 수 있다면 상황에 따라 유관 기관을 통해서도 일을 해보는 것을 적극 추천한다.

일에서 행복해지기 위해서는 세 가지가 필요하다. 일이 적성에 맞아야 하고, 일을 너무 많이 해서는 안되며, 성취감을 얻을 수 있어야 한다.

- 존 러스킨

| 전무님과의 인터뷰

내가 기존의 금융기관을 포함한 기업체와 학교에서 진행한 강연 중에 가장 많이 받았던 질문들을 상기해서 인터뷰로 추려 만들어 보았다. 이것이 많은 도움이 되기를 바란다.

신입사원 '세일즈'의 정의가 궁금합니다. 세일즈의 범위를 어떻게 생각할 수 있을까요.

전무님 사실 세일즈에는 바운더리가 없다고 할 수 있습니다. 오늘날 우리의 의식주를 포함한 모든 행위가 세일즈와 연관이 있기 때문입니다. 세일즈의 주체는 누구인가 생각해본다면 상품이나 서비스를 판매하는 셀러, 그것을 구매하는 바이어만 한정되지 않을 것입니다.

세일즈가 꼭 직접적인 판매가 이루어지는 경제활동이 아니더라도 직장, 학교, 종교, 군대, 정부 정책 등 유무형의 수많은 활동까지 범위가 넓어질 수 있는 것이죠. 세일즈는 사회활동의 종합이며 돈으로 환산할 수 없는 부분까지도 포함됩니다. 예를 들어 정부의 외교 역시 세일즈라고 할 수 있습니다. 다른 국가에 대한민국 정책이라는 제품을 판매하는 과정입니다. 그러한 관점에서 국제연합인 UN도 정책적 세일즈를 해야 하는 것이 현실입니다. 그것은 이들이 일하고 있다는 것, 존재의 가치를 알리고 성과를 알리는 것이죠. 스포츠는 어떨까요. 예를 들면 프로야구선수들이 플레이하는 모습, 경기력, 쇼맨십 등 매 경기가 하나의 세일즈가 될 것입니다. 즉 작은 구멍가게부터 그 나라의 정부를 포함한 국제기구에 이르기까지 각 개인과 단체, 정부의 정책 등을 사람들에게 알리고 설득하고 협력하게 만드는 모든 유기적 과정을 포함한다고 할 있습니다. 따라서 세일즈는 판매와 구매활동에만 한정되지 않습니다. 일상생활의 거의 모든 부분에 관여되고 있고 그것은 유형일 수도 있고 무형일 수도 있습니다.

형님 마케팅 vs 프로 마케팅

세일즈를 하다 보면 자연스럽게 인맥 혈연 학연 지연 등에 따라 고객을 찾아 나서게 된다. 그리고 그러한 세일즈의 시작이 당연한 것처럼 여겨지는 분위기도 있다. 물론 처음에는 자신의 어려운 상황을 이야기하면 몇 번은 소위 '아는 형님'이 도와줄 수도 있다(소위 형님 마케팅이다). 그러나 그 '형님'이 상황이 어려워지거나 관계가 어긋나면 돌아오는 여파는 상당히 클 수 있다.

요즘은 많이 사라졌지만 얼마 전까지만 해도 금융기관에서는 자신의 지인들이나 학교 동창, 선후배들을 대상으로 금융상품을 집중적으로 거래하던 세일즈맨들이 많았다. 물론 손이 큰 '형님'이 도와주면 상황은 상당히 편하게 돌아간다. 그러나 이 '형님'이 회사를 그만두거나 다른 부서로 이동하게 되면 이 세일즈맨은 실적이 갑자기 곤두박질치고, 결국 업계를 떠나게 되는 경우를 많이 봐왔다. 프로마케팅을 하지 않은 전형적인 예이다.

자신이 프로라면 어디 출신이건, 어떤 학교를 나왔건, 나이가 몇 살이건 상관없이 고객이 원하는 상품과 서비스를 전달하고 감동을 줄 수 있어야 한다. 그런 점에서 나는 I scratch your back, you scratch mine(의역: 내가 도와줄 테니 당신도 날 도와달라)이라는 표현만큼 프로 마케팅을 설명해주는 문구도 없다고 생각한다. 세일즈맨은 고객이 원하는 것을 제공하고, 반대로 고객은 그 세일즈맨이 제공하는 최선의 상품을 선택하는 것이다. 즉 인맥 혈연 학연 지연이 배제된 조건에서 세일즈맨도 프로, 고객도 프로인 입장으로 거래를 하는 것이다. 내가 몸담았던 금융상품 업계의 경우 고객은 안전하면서도 고수익의 상품을 원했고(사실 두 마리의 토끼를 잡기는 매우 힘들지만), 나는 그들을 위해 최대한 만족할만한 상품을 가져다주고자 노력했다.

외국계 증권사에는 '5배 룰'이라는 것이 있다. 자기 연봉의 5배 이상을 수익으로 끌어올 수 있어야 자리를 유지할 수 있다는 것이다. 보통은 자신의 연봉에서 10배를 벌면 그때부터 보너스가 지급이 된다. 만약 어떤 세일즈맨이 입사를 조건으로 연봉 50만 달러를 요구한다면 우리는 그가 요구한 만큼의 연봉을 지급하는 대신 10배 이상의 수익을 원할 것이다. 만약 같은 조건으로서 어떤 세일즈맨이 10만 달러의 연봉을 원한다면 외국계 증권사의 경우 대게 전자의 상황을 선택한다. 불확실하더라도 큰 수익에 베팅을 하는 것이다. 대신 그만큼 수익이 나지 않는다면 그는 곧 떠나게 될 것이다. 프로 마케팅과 형님 마케팅은 수익의 안정성, 실적의 누적에서 장기적으로 계속해서 차이가 나게 된다.

나는 세일즈맨이라면 내 힘으로 나를 보호할 수 있어야 한다고 믿는다. 내 가치를 스스로 인정받고 내 힘으로 올라가는 것이다. 자신의 연줄에만 의지하려고 한다면 차라리 세일즈맨을 하지 않는 것이 낫다고 생각한다.

차라리 동종 업계모임에 나가지 마라

국내 증권사에서는 외국계 증권사 직원들을 초빙해서 골프와 식사 등을 함께 하는 자리를 종종 만들곤 한다. 당연히 그곳에 가면 다들 비슷한 업무를 하는 사람들이 모여든다. 냉정하게 말하자면 서로 플러스가 될 만한 요소가 별로 없는 것이다.

내가 어쩌다 업계 세미나나 모임에 가면 가장 많이 듣던 말이 '말씀 참 많이 들었습니다.'였다. 내가 유명해서가 아니라 얼굴을 한 번도 비추지 않아서 서로 처음 보았기 때문이다.

비즈니스 파트너들과의 오찬 세미나 모습

나는 차라리 그 시간에 나의 고객이나 증권사 고객들과 만나는 것을 훨씬 더 선호했다. 똑같은 일을 하는 사람들과 어울려 다니는 것은 별의미가 없었기 때문이다. 단, 그들이 지금 무얼 하는지, 어떤 방향으로 가고 있는지는 아군을 통해서 안테나를 세워둘 필요는 있다. 그러면 나의 경쟁상대자들은 내가 지금 어떤 상품을 만들고 어떤 아이디어를 제공하는지 잘 모르지만 나는 그들이 무엇을 하는지 알 수 있게 된다. 지피지기는 백전백승이라는 말처럼 내가 그들의 행동을 알고, 경쟁자는 나의 전략을 모른다면 상품을 판매하는데 큰 메리트를 가질 수 있다.

이제는 비즈니스의 인맥을 만드는 방법이 아주 다양해졌다. 예전에 학연 지연 혈연이 있었다면 지금은 자신의 취미활동을 포함한 다양한 곳들에서 새로운 인연들을 만들 수 있다.

나의 경우 취미인 음악 밴드 활동을 하면서 영화배우와 유명 연주자들을 알게 되었고, 그들과의 연주를 통해 돈독한 인연을 이어오고 있다. 내가 즐겨 마시는 보이차 모임에서는 필라테스 숍을 여러 개 운영하는 대표와 방송국 PD, 스포츠 매니지먼트 대표 등 동종업계에서는 접하기 힘든 사람들과 친분을 맺게 되었다. 야구와 골프를 좋아하다 보니 프로 선수들을 알게 되었으며, 그를 통해 더 많은 선수들을 알게 되었다. 그렇게 인맥의 인맥을 연결하면서 백그라운드가 전혀 다른 사람들을 풍성하게 알게 되는 기회가 많았다.

내 경험으로는 동종 업계에서 지속적인 교류를 하는 것보다 다양한 분야의 모임에서 만난 사람들과 비즈니스를 이어갈 기회가 많이 있었다.

세일즈맨의 골프 상식

테니스나 배드민턴 스쿼시 탁구 등 세일즈맨이 고객과 할 수 있는 운동들은 많다. 그러나 이러한 스포츠들은 나이가 들면 근육과 관절에 무리를 줄 수 있고 여유 있게 고객과 대화를 이어기도 쉽지 않다. 골프는 기본적으로 걷기 운동이기에 몸에 무리를 주지 않으면서 서로의 관심사와 비즈니스에 대한 이야기를 오랫동안 나눌 수 있다는 큰 장점이 있다. 평생 즐기기에도 골프만 한 스포츠가 없기 때문에 롱런하는 세일즈맨에게 비즈니스로서, 스트레스 해소로서, 운동으로서 매우 좋은 수단이 될 수 있다.

사회 초년생들은 골프를 비싸고 접근하기 어려운 종목이라고 생각하기 쉽지만, 최근에는 국내에도 공공 골프 인프라가 상당히 잘 구비되어있어서 10만 원 대로 라운딩을 할 수 있다.

골프를 처음 시작한다면 자신이 감당할 수 있는 수준에서 가장 좋은 골프채를 구비하는 것을 추천한다. 어떤 이들은 중고나 하프 세트를 권하기도 하는데, 연습 기간을 마치고 필드에 나가기 위해 다시 새로운 세트를 장만해야 한다면 비용이 더 크게 들고 적응하는 시간도 더 많이 들 수 있다. 차라리 처음부터 내 몸에 맞는 제대로 된 세트를 장만하고 그것으로 연습을 시작하는 것이 수고를 줄이는 길이다.

집이나 직장 주변의 골프연습장 혹은 스크린 골프장을 이용해서 연습을 시작하는 것도 좋은 방법이다. 스크린 골프장의 경우 공의 궤도, 발사 각도, 스윙의 속도 등을 가늠할 수 있어 초보자에게 큰 도움이 된다. 인터넷과 골프 잡지에 나온 정보들을 보면서 이론적인 부분에 시간과 정성을 들인다면 골프가 그리 어려운 스포츠가 아니라는 것을 알게 될 것이다.

다만 골프를 처음부터 끝까지 독학으로 배우는 것은 추천하지 않는다. 골프클럽에 관한 기초지식부터 그립 잡는 법, 어드레스 하는 법, 어프로치샷과 티샷 등 본인과 잘 맞는 코치에게 기본부터 배워가는 것이 훨씬 효과적이다. 흔히 '나는 골프를 독학으로 배웠다'라며 자랑삼아 이야기하는 사람들도 있지만 오늘날의 유명 골퍼들, 심지어 타이거 우즈 선수도 계속해서 개인 레슨을 받는다는 사실을 봐도 순수 독학이 좋은 선택이 아님을 알 수 있다.

실제 필드에 나갈 때는 이왕이면 가르쳤던 선생님 혹은 잘 치는 친구와 함께 나가 보자. 아주 초보적인 실수를 해도 마음이 편안해야 하기 때문이다. 필드는 되도록 탁 트인 넓은 페어웨이와 길이가 그리 길지 않은 곳으로 가는 것을 추천한다. 서울 인근의 오래전에 지어진 골프장의 경우 그러한 페어웨이들이 많다.

국내 증권사의 초보 골퍼가 동반 라운딩을 하면서 나를 찍어준 사진

골프를 잘 치고 싶지만 실력이 늘지 않아 골프장만 가면 주눅이 드는 사람들도 적지 않다. 친한 사람들끼리야 별 상관이 없겠지만, 비즈니스 고객이라면 상당히

부담되기도 한다. 그럴 땐 카메라를 가져가서 사진을 찍어주는 것만으로도 좋은 인상을 남길 수 있다. 산을 배경으로 멋지게 스윙하는 모습, 퍼팅을 하기 전 신중하게 자세를 잡는 모습 등 기억이 될 만한 장면을 담아서 동반 플레이하는 고객에게 보여주는 것이다. 골프장에서 집으로 가는 길에 인근 지역에서 나는 과일 같은 것을 선물하면 비싸진 않아도 상대방을 배려하는 모습을 보이는 기회로 만들 수도 있다.

골프를 치는 목적은 폼 잡기 위해서가 아니라 그동안 받은 스트레스를 드넓은 초원에서 맑은 공기를 마시면서 씻어내기 위한 목적이 크다고 생각한다. 나와 함께 하는 플레이어에게 스트레스를 풀 수 있는 라운딩을 제공한다면, 그것만으로도 상당한 성과라고 할 수 있는 것이다. 그리고 그것은 골프장에서 고객을 어떻게 배려하는가에 달렸다.

나의 경우 골프 룰에 엄격하거나 경쟁하는 것을 최대한 삼간다. 조금 룰에 안 맞아도 한 번 더 기회를 주기도 하고, 실력의 격차가 있다면 그에게 맞추면서 치는 것이다. 그립을 잡는 법, 스윙을 하는 법을 조심스럽게 알려주기도 한다.

골프장 선물로 유용한 소금공

또한 사소한 것들로도 고객에게 큰 점수를 얻을 수 있다. 상대방이 사용하는 골프공, 장갑, 골프화 등에 조금 더 관심을 기울여보자. 나의 경우 '소금공'이라는 것을 자주 만든다. 골프공마다 무게 중심이 조금씩 다르기 때문에 공의 타격점을 알지 못해 퍼팅 시 공이 홀에서 빗겨나는 경우가 많다. 짙은 소금물에 세제를 한두 방울 떨어뜨린 후 골프공을 넣어 돌리고 나서 기다리면 공이 잠시 후 멈춘다. 이때 아래는 무겁고 위는 가벼운 쪽이 된다. 가벼운 쪽과 무거운 쪽을 펜으로 연결하게 되면 소금공이 완성된다. 값싸지만 골프장에서는 아주 좋은 선물이 되는 것이다.

이처럼 골프장에서는 고객이 나와 다시 라운딩을 하고 싶은 마음을 들게 하는 것이 중요하다. 멋진 스윙과 장타로 고객에게 인상을 남길 수도 있겠지만, 오히려 고객

을 돋보이게 하고, 그들이 조금씩 실력이 늘면서 스트레
스를 풀 수 있다면 더욱 알아가고 싶은 비즈니스 파트
너가 될 것이다.

골프에는 나이가 없다. 의지만 있다면 몇 살
에 시작해도 상관이 없다.

- 벤 호건

"우리 회사 제품이지만 사실 이건 가격이 너무 안 좋습니다." "우리회사 트레이더와 가격이 나빠서 싸웠네요." 고객에게 이러한 솔직 화법이 좋을 것이라 생각하는 세일즈맨들도 많다. 하지만 이것은 결국 누워서 침을 뱉는 것과 같다고 할 수 있다. 자신이 판매하는 상품 혹은 회사에 대해 부정적으로 생각하는 것을 알고도 거래를 하려는 사람은 내 경험으로는 거의 없다.

틈만 나면 회사와 상사 욕을 하는 사람들도 결국 스스로 세일즈맨으로서의 이미지가 안 좋아진다. 또한 그러한 불평과 불만이 업계 쪽에 들어간다면 본인에게 이직이 어려워질 수도 있다. 애사심이 전혀 없는 사람을 고용하는 회사도 거의 없기 때문이다.

SNS를 통해 자신의 회사에 대해 불평불만을 자주 올리던 후배가 있었다. 지금은 증권사의 딜링룸 내부에서 핸드폰을 켤 수도 없지만, 예전에는 SNS를 통해 야근이나 회사 분위기가 좋지 않다는 등의 불만을 수시로 올리곤 했다.

본인은 공감과 위로를 받기 위해서였을 수 있을 수도 있지만 경험이 있는 사람들이 봤을 때는 안타깝게 보이는 것이 사실이다. 그 후배도 결국 회사에 소속된 일원이기 때문에 자신의 처지가 이렇다는 것을 보여주는 모습으로 밖에 보이지 않기 때문이다. 잠시 동정을 받을 수는 있겠지만 뒤돌아서 듣게 되는 말은 그러한 처우를 받고 있는 사람이 되는 것이다. 그 후배 역시 불평과 불만이 상사의 귀에 들어가게 됐고 결국 회사를 나오게 됐다.

이것은 회사의 잘못된 관행에 대해 이의를 제기하는 것을 중단하라는 것이 아니다. 개선을 전제로 하지 않는 넋두리는 허공의 메아리에 지나지 않는다는 것이다. 본인의 상사든 경쟁사 직원이든 외부에서 세일즈맨으로서 남들을 입방아에 올리는 것은 속은 잠시 시원할지 몰라도 자신에게 마이너스만 된다.

나는 필요하다면 회사에 대한 애사심, 자부심을 적극 보여주는 것이 오히려 좋은 방법이라고 생각한다. 그것을 표현하는 방법으로 회사와 관련된 물건들을 가지고 다닐 수도 있다. 나의 경우 외부 미팅 중에는 회사의 증표가 될만한 것들을 지니고 다녔다. 외국계 회사들은 배지를 거의 달지 않기 때문에 회사의 이름이 적힌 만년필을 들고 다녔는데, 회사의 중요한 일원이라는 인식을 심어줄 수 있었다.

또는 자신과 회사와의 관계에 있어서 기억될만한 것들을 직접 만드는 방법도 있다. 예를 들어 첫 번째 거래를 진행했던 때 사용했던 펜, 처음 승진할 때 메었던 넥타이, 첫 월급을 받고 산 시계 등 자신과 회사가 연결될 수 있을만한 것이 있다면 뭐든 좋다.

시계든 넥타이든 커프스링스든 세일즈맨으로서의 추억과 기억을 가지고 있는 것이 필요하다. 나중에 이러한 것들을 가족, 직장 동료, 업계 후배들에게 선물로 주어서 멋진 선배이자 기억에 남는 사람이 될 수도 있을 것이다.

회사와 나의 이름이 적혀있었던 필기구는 내가 직원으로서 아이덴티티를 가진다는 인식을 갖게 하는 하나의 아이템이 된다.

신입사원　의류 세일즈 파트에서 일을 하는데 내가 잘하고 실적이 좋아도 가져가는 건 늘 똑같습니다. 오히려 적당히 하는 것이 낫지 않을까 생각이 들 때도 있을 정도입니다. 이럴 땐 어떻게 받아들여야 하나요.

전무님　저라도 그러한 상황이라면 일을 덜하고 싶은 마음이 들 것 같습니다. 그럴 경우에는 오너와 일을 시작하기 전에, 혹은 일을 하는 중이라도 협상을 해야 한다고 생각합니다. 이런 부분에 있어서는 적극적으로 협상할 필요가 있습니다. 왜냐하면 오너 입장에서도 인센티브를 주어서 늘어나는 판매로 환수할 수 있다면 더 좋은 대안이 되기 때문입니다. 따라서 협상의 여지가 있는 분위기라면 기존의 업무 루틴을 그대로 따르기보다는 먼저 판매에 대한 인센티브를 제안하고 자신에게 동기부여가 될 수 있는 조건을 만드는 것도 좋은 방법이라고 생각합니다. 저는 세일즈맨으로서는 안정성과 수익성이라는 두 마리 토끼를 잡으려 추구하는 것보다 한 가지에 집중하는 것이 더 낫다고 봅니다. 그런 면에서 안정성을 조금 포기하더라도 자신이 회사에서 필요한 존재라는 것을 부각시키고, 실적을 높이며, 업무에 대한 동기부여를 할 수 있는 환경으로 자신을 노출시키는 것도 이 경우에는 하나의 대안이 될 수 있을 것입니다.

단순히 제품이 나오고 그것을 받아 판매하는 공장식 구조는 이제 소비자들을 만족시키기 어려워졌다. 금융상품 투자의 경우 트레이더와 스트럭처, 세일즈맨 사이의 조율이 상당히 중요하게 되었다.

트레이더와 스트럭처는 상품을 구성할 때 남는 이윤을 먼저 고려하기 때문에 현장에서 고객들에게 상품의 메리트를 어필해야 하는 세일즈맨들과 갈등이 생기곤 한다. 따라서 중간에서 조율을 잘하는, 말하자면 중재의 묘미가 상당히 중요한 능력이다. 이러한 내부 마케팅을 잘해야 외부에서도 설득력을 가질 수 있는 것이다.

한 번은 홍콩에서 근무할 당시 2억 달러 규모의 거래를 국내 모 은행과 진행한 적이 있었다. 한국의 주요 은행에는 외국계 증권사에서 제공하는 금융상품에 대한 가격과 거래 정보가 실시간으로 스크린에 쏟아진다. 당시 거래를 진행하기 전에 스크린에 뜬 가격이 맞는지 확인하는 전화가 몇 번 왔다. 가격이 너무 낮은 것 같다는 확인 전화였다. 바로 런던에 있는 트레이더에게 확인을 요청했지만 맞다는 답변이 돌아왔다. 그렇게 거래가 완료된 후 얼마 안 되서 런던의 트레이더에게서 다급한 전화가 왔다. 자신의 계산에 착오가 있었고 거래를 취소할 수 없겠냐는 것이었다. 금융투자 업계에서 체결이 완료된 거래를 되돌리는 것은 있을 수 없는 일이었다. 은행의 투자가는 이미 체결된 거래의 취소를 할 수 없다며 거절했지만, 나는 중간에서 끊임없는 사과와 설득을 하며 반성의 의미에서 잠정적으로 거래를 안 하는 조건으로 거래를 취소할 수 있었다. 얼마 후에 거래는 다시 재개되었고 투자자와는 더욱 돈독한 관계가 됐을 뿐만 아니라 런던에 있는 트레이더와도 관계가 긴밀해졌다.

사실 세일즈맨이 회사와 고객 입장 사이에서 끼일 경우 결국 회사의 입장에 서야 한다고 생각한다. 나는 직접적으로 말을 꺼내서 한 적은 없지만 이러한 일들을 여러 차례 겪으면서 그렇게 체감했다. 나에게 월급을 주는 곳은 결국 거래처가 아닌 회사이기 때문이다. 만약 거래 부분에 있어서 고객 측의 실수로 손해가 발생하면 회사가 손실을 보더라도 고객 편에 서는 경우가 더러 있다. 나도 그런 적이 여러 번 있었다. 하지만 그것이 반복되면 그 세일즈맨은 회사 내에서 입지가 불리해진다. 고객에게 규정보다 더 베푸는 것은 회사의 다음 거래를 위해서이지, 고객의 입장을 회사입장 보다 우선시하기 때문은 아니다.

물론 일방적으로 고객에게 책임을 전가한다면 다음 거래는 없어질 가능성이 크다. 고객의 입장을 듣고 반영하는 것도 중요하다. 그런 점에서 인터널 네고시에이션(Internal Negotiation), 즉 중간에서 '중재'를 하는 능력이 상당히 중요해진다.

예전에 국내 대형 증권사의 실수로 결제 금액이 달라진 경우가 있었다. 그들이 우리에게 지급해야 하는 금액이 달려였기 때문에 환전을 해야 했는데, 증권사 직원의 실수로 환전 주문을 해놓지 않았고 이후 환율이 많이 달라진 것이다. 거래의 금액이 워낙 컸기에 손실도 컸으나 나는 중간에서 트레이더들에게 "거래처의 실수인데 이번은 도와주고 양보를 해주자, 그리고 다음번 거래에서 충분히 이익을 얻자"라고 양해를 구했다. 그들은 향후 나의 가장 큰 고객 증권사 중 하나가 되었다. 이러한 경우는 여러 번 있었다. 여기서 말하고자 하는 것은 상대의 실수를 용납하지 않는 것이 프로가 아니라 상대의 실수를 서로 이득이 되게끔 활용할 줄 아는 것이 프로 세일즈맨의 실용적인 자세라는 점이다.

신입사원 세일즈는 반드시 많이 판매하는 것이 최종 목표가 되어야 하는 건가요?

전무님 앞서 말씀드린 것처럼 '판매'로만 한정할 수 없는 수많은 세일즈 형태가 있고, 그것은 유형과 무형의 것들을 포함하고 있습니다. 세일즈맨은 보험, 은행, 자동차와 같은 상품뿐만 아니라 운동선수, 일반 회사원, 심지어 연예인과 정치인 등 모든 사회적 참여자들이 어떻게든 세일즈의 카테고리 안에 있기 때문입니다. 따라서 무형의 서비스와 상품인 경우는 직접적으로 판매되는 상품과는 다른 형태로 결과가 나타나지만 어떻게든 세일즈의 성과에 반영되게 됩니다. 가장 궁극적인 세일즈의 목표는 투자가의 원하는 상품을 제공하는 것, 그리고 다시 자신을 찾게 하는 것이라고 생각합니다. 즉 양보다는 질적인 세일즈에 중심을 두는 것이죠. 따라서 가장 궁극적인 세일즈맨의 목표는 판매 수치의 극대화가 아니라 고객에 대한 배려, 그들의 만족을 극대화하는 것에 목표를 두어야 합니다. 결국 자신에게 재구매 혹은 구매 확대가 이루어지게 하는 것이 세일즈맨의 척도가 되어야 할 것입니다. 한 번에 큰 실적을 올렸다고 해도 재구매가 지속적으로 이루어지지 않으면 장기적으로 별의미가 없기 때문입니다. 그것이 곧 질적인 세일즈이며 저의 세일즈 거래에 있어서도 가장 중요한 목표이기도 합니다.

벼는 익을수록 고개를 숙인다는 옛말은 세일즈맨이라면 수시로 되새겨야 할 부분이 있다. 자신이 현재 아무리 잘 나가도 낮게 다가가야 한다는 점이다. 시장이 어려우면 대항하거나 맞서 싸우려고 하지 말고 순응해야 한다. 태풍이 불면 고개를 숙이고 머리를 땅에 박을 줄도 알아야 한다는 것이다.

내 경험으로는 자신의 샐러리가 얼마고, 어떤 직책의 자리라는 등 자신을 먼저 뽐내는 세일즈맨은 결국 회사에서 퇴출되거나 소리 소문 없이 사라지는 경우가 대부분이었다.

내가 사회 초년생 시절에는 금융상품을 전담해서 판매하는 세일즈맨들이 많지 않았다. 그래서 외국계 증권사는 종금사나 은행 출신들을 많이 고용했다. 그런데 당시 이들은 '갑'의 입장에서 오랫동안 근무를 해왔기 때문에 자신도 모르는 사이에 '갑'의 행동들이 나타나곤 했다. 고객이나 지인들을 만나면 '나 요즘 이만큼 벌고 있는데', '나 이런 사람들 만나고 다녀'라고 어필하는 것이 영업의 하나의 수단으로 인식되기도 했다. 좋은 실적을 올리던 종금사의 한 직원도 월급을 올려 외국계 증권사로 스카우트되었지만 세일즈맨의 기본을 무시한 채 외부에서 자신의 직책과 경력만 내세우다가 실속이 없자 채 2년을 버티지 못하고 회사를 나가게 되었다.

나는 세일즈에 첫발을 들여놓는 신입사원들과 이야기할 기회가 생기면 이곳에서 무엇을 원하는지 물어본다. 예전에 세일즈맨들 사이에서는 한탕하고 나가자, 젊었을 때 빨리 벌고 은퇴하자는 마인드를 가진 사람들이 꽤나 있었다. 타이틀에 연연해하는 후배들도 많이 봐왔다. 2030대 고스펙을 쌓고 과장, 부장 타이틀로 회사에 입사하는 길을 성공의 사다리로 생각하기 때문이다. 하지만 최근에는 직급의 인플레이션이 심각할 정도이다. 젊은 친구들이 높은 직책을 달고 겉멋을 부린다면 오히려 고객들은 신뢰를 주지 않는다. 타이틀을 낮게 하고 열심히 하겠다는 모습을 보이는 것이 롱런하는 밑바탕이 되는 모습을 많이 봐왔다. 오히려 자기 타이틀을 높이지 않는 것도 하나의 팁이다. 사실 세일즈 세계에서는 타이틀보다는 샐러리와 보너스가 더 큰 의미가 있기 때문이다.

다른 이야기이지만 MBA를 하는 것을 하나의 자랑거리로 삼는 사람도 있으나, 적지 않은 나이에 외국으로 유학을, 특히 MBA를 가는 것은 위험한 발상일 수 있다고 생각한다. 우리가 들어서 아는 메리트가 확실히 있는 곳이 아닌 곳으로 가는 것은 오히려 커리어를 단절시킬 수도 있다. 사실 이미 국내에도 유명한 외국 대학에서 MBA를 마친 젊은 사람들로 넘쳐난다. 하물며 나이가 들어서 확실한 메리트가 있지도 않은 곳으로 유학을 간다는 것은 솔직히 말해 위태로운 선택이라고 생각을 한다.

해외의 유명 언론사에서 근무를 했던 한 친구는 자신의 마지막 스펙을 쌓는다며 30대 후반의 나이에 미국의 잘 알려지지 않은 대학으로 MBA로 갔다. 다녀와서 한국계 현지 회사에 잠깐 취직을 했으나 본인의 의지와 상관없이 많이 놀게 되었다.

내 경험에 비추어보면 세일즈맨을 채용할 때 보험사나 증권사에서 소위 잘 나가는 출신들을 많이 채용했지만, 오히려 을의 위치를 경험하고 '갑'의 모습에 물들지 않았던 직원들이 훨씬 더 롱런하는 모습을 봐왔다. 유명하지 않은 학교를 나와도 성실함으로 기회를 잡는 경우도 많았다.

그래서 나는 오히려 세일즈의 기초 교육을 제대로 받는 것이 중요하다고 생각한다. 세일즈맨으로서 적성과 소양을 갖추고 시작하는 사람들이 결과적으로는 본분을 지키면서 오래 갈 수 있기 때문이다. 세일즈의 어느 분야이건 제대로 된 기초 교육을 들을수록 좋다. 자신에게 맞는 교육 기관에서 제대로 된 강사들을 만나 업무 능력을 높이는 것을 적극 추천한다.

'운'이라는 변수를 항상 염두 해 두자

다른 업종도 마찬가지겠지만 투자은행(IB: 인베스트먼트 뱅킹 비즈니스) 업계에서 생존하기 위해서는 '운'이라는 변수가 생각보다 크다. 예를 들어 투자은행 분야로 오면 학교, 전공, 능력, 성실함 이런 것들은 대동소이하다고 할 수 있다. 스펙과 능력치가 비슷한 사람들 중에서 살아남는 것은 '운'이 일종의 스윙보트의 역할을 하게 된다. 2008년 세계 금융위기 당시 내가 판매를 막 시작하려 했던 신용 파생상품 목록에 포함된 AIG가 누구도 예상하지 못했던 구제 신청을 하는 경우도 있었다. 매우 오랫동안 거래해 왔지만 갑자기 거래 연장 신청이 안 돼서 멈출 수밖에 없었던 RP(Repurchase Agreement: 채권을 담보로 자금을 빌려주는 것)의 채권이 부도가 나기도 했다. 이런 사례들이 반복되면서 나는 운이라는 변수가 세일즈 비즈니스에 매우 큰 영향을 준다는 사실을 체감하게 되었다.

운칠기삼이라는 말이 있지만 나는 운이 세일즈에서 작용하는 영향력은 그보다 훨씬 더 크다고 생각한다. 회사원들이라면 대부분 느끼겠지만 회사생활을 하다 보면 전혀 예상치 못한 변수가 발생하는 경우가 많다. 갑작스럽게 회사가 합병이 되거나 구조조정이 일어나기도 한다.

그러나 이럴 때일수록 긍정적으로 생각하는 것이 중요하다. 나는 위기 속에서 마음속으로 되뇌는 것 중 하나가 끝까지 열심히 일하자, 동요하지 말자이다. 한 가지 분명한 점은 어느 회사이건 간에 수익을 많이 얻게 해주는 세일즈맨은 쉽게 내보낼 수 없다는 것이다. 회사가 부도가 나는 절체절명의 상황이 발생하더라도 내 주위에 인맥을 확보해두고, 끝까지 기회를 만들려는 직원에게는 새로운 운이 찾아온다. 위기의 순간에 자신의 강점과 인맥이 별로 없는 이도 저도 아닌 사람은 갈 곳이 없어지는 상황이 일어날 수 있다.

결국 우리가 아무리 어찌할 수 없는 '운'의 영역을 인정하되, 그것이 작용하는 동안에도 다음 기회로 활용하기 위해 끝까지 전력한다면 운을 내 편으로 만들 수 있게 된다.

신입사원 세일즈 마케팅에서도 불과 몇 년 전에는 생각지도 못했던 방법들을 사용하고 있습니다. 예를 들면 마케팅 분석에 인공지능을 활용하기도 합니다. 기술이 변하면서 오래된 세일즈의 방식들, 예를 들면 면대면 거래, 고객 접대 등은 이제 사라지는 것 아닌지 궁금합니다.

전무님 저는 현재 홍콩에 거주하는 사람들에게 한국어와 한국 문화를 알리는 일도 하고 있습니다. 어느 날 두 학생이 찾아와서 수업을 들었습니다. A 학생은 말 그대로 아무것도 모르는 백지상태였고 B 학생은 혼자서 책과 동영상 강의 등을 통해 6개월 정도 독학을 한 상태였습니다. 그런데 B 학생은 한국어를 나름 열심히 익혀왔음에도 불구하고 두 달이 지나도 잘 못 따라온 반면, A 학생은 처음 시작하는데도 기초 체계가 잡히기 시작했습니다. 두 사람의 언어적 지능은 비슷한 수준이었기에 사람이 전달할 수 있는 디테일하고 정교한 부분들을 받아들이는 부분에서 차이가 나타났습니다.

여기서 말하고자 하는 바는 휴먼터치 (humane touch)는 여전히 매우 중요한 수단이라는 점입니다. AI 혁명이 밀려오는 이 시기에도 결국은 사람의 역할이 우선이라고 생각합니다. 아무리 기술이 발전해도 그것을 제어하는 것은 사람이고 전달하는 것 또한 사람과의 커뮤니케이션에서 나옵니다.

아마존이나 알리바바와 같은 순수 온라인 판매도 늘어나고 있지만 동시에 SNS 상에서 수많은 상품을 소개해주는 컨슈머리포트 역시 크게 늘고 있는 것을 봐도 그렇습니다. 상품과 서비스를 체험하고 공유하는 것은 결국 사람이기 때문입니다. AI가 어디까지 발전할지 모르겠지만 우리가 사는 시대에는 휴먼터치를 따라올 수 없다고 봅니다.

때문에 앞으로도 휴먼터치는 어떤 기술도 커버할 수 없는 세일즈의 핵심일 것입니다. 향후에 금액이 커지고 복잡하고 새로운 상품이라면 검토할 것이 많아져 새로운 첨단 방식이 필요하기도 하겠지만, 최종 의사결정에서 있어서 신뢰할 수 있는 다양한 의견이 필요할 것이고 세일즈맨의 휴먼터치의 의견을 포함한 제2, 제3의 의견까지 취합해서 최종 결정을 하게 될 것입니다. 따라서 휴먼터치는 앞으로도 세일즈맨의 영역이 될 것입니다.

이곳에 읽은 후 느낀 점이나 기록할 것들을 적어보세요

PART 2

전무님은
성장 발판을
이렇게
마련하셨지

호불호가 강한 세일즈맨이 낫다

세일즈맨에게는 좋아하는 고객과 싫어하는 고객이 있어야 한다. '그 세일즈맨은 적이 없어요. 아주 착하고 좋은 사람이에요' 라는 말을 듣는 사람들을 많이 보았지만 거꾸로 얘기하면 그런 사람은 세일즈 일을 다시 한번 고려해 볼 필요가 있다.

세일즈는 명확한 적군과 아군이 존재하는 세계다. 아군이 나와 중요한 자료를 공유하고 거래를 진행한다면, 적군은 그들의 아군들과 협력하는 것이다. 따라서 거래를 할 수 있는 상황을 냉정하게 나눠서 볼 수 있어야 한다. 물론 나와 아군의 관계를 시기하고 질투하는 사람들이 존재할 수 있다. 심지어 나와 친한 업계 후배들을 가리켜 "김찬호 키즈"라는 말까지 돌았다. 그러나 분명한 것은 그 친구들과 거래를 하며 서로 원원할 수 있었고, 예상치 못한 상황에 처했을 때 가장 큰 도움을 받기도 했다.

고객은 크게 커스터머(Customer)와 클라이언트(Client)로 나뉜다. 커스터머는 한두 번 왔다가는 손님이라고 할 수 있다. 커스터머가 나에게 호의를 느끼고 메리트를 확신하며 다시 찾기 시작한다면 클라이언트로 발전하게 된다. 그리고 클라이언트는 궁극적으로 프렌드(friend)로 발전해 가야 한다. 특히 실적 판매를 위주로 하는 세일즈의 경우 거래라는 확고한 목적을 가지고 고객에게 접근을 하는 경우가 많다. 그러나 여러 명 중의 커스터머에서 온리원인 프렌드가 된다면 사람들이 알아서 투자를 하고 상품을 구매하게 될 것이다.

결국 우리가 명심해야 할 점은 계속해서 많은 손님들과 많은 거래를 반복하는 두 마리의 토끼를 잡을 수는 없다는 것이다. 자신과 의기투합하는 사람들과 함께하는 세일즈를 공유하는 것, 서로의 취향을 알아주고 세심하게 배려하는 아군들과 신뢰를 쌓는 것이 새로운 거래처를 끊임없이 찾아 나서는 것보다 더 효과적일 수 있다.

친한 고객들과 함께 야구장을 방문한 모습

많은 경쟁사에서 비용을 크게 들여서 해마다 대규모 세미나를 열고, 수많은 사람들을 초대하며 고객을 확보하기 위한 위한 노력을 한다. 나는 반대로 올해의 베스트 고객 5-6명을 런던 홍콩 싱가포르 일본 등으로 초대하여 이들만을 위한 세미나를 연다. 그러면 나뿐만 아니라 이들끼리도 서로 형 동생 하는 관계로 발전하면서 프렌드가 된다.

나아가 나는 직원들이나 고객들과도 함께 취미를 공유하고자 했다. 예를 들어 야구장을 함께 가기도 하고 내가 직접 연주하는 바에 데려가기도 했다.

관계에 있어서 온리 유(Only You)와 원 오브 뎀(One Of

Them)의 차이는 아주 크다는 점이다. 그 세미나가 당신을 위해 준비된 것인가, 아니면 수많은 군중들 중에 한 명인 것인가의 차이다. 그럴 때 고객이 받는 느낌은 하늘과 땅 차이라고 할 수 있다. 온리원의 관계에서는 아군끼리도 점점 더 친목을 다지고 하나의 군단이 된다. 이것이 내 경험상으로도 훨씬 더 효율적인 모임이 되었다.

원웨이 방식, 즉 한쪽이 일방적으로 받거나 손해만 보는 관계는 세일즈에서도 건강하지 못한 관계이다. 우리나라의 세일즈 환경에서는 일방적으로 고객을 응대하는 경우가 많다. 은연중 선택을 받아야만 하는 '을'의 위치라고 생각하기 때문일 것이다. 갑의 입장인 고객사 및 투자자들에게 식사, 골프 혹은 선물을 제공하는 것이 당연하다고 생각하는 경향도 있다.

사실 나는 고객과 식사나 골프 자리를 무수하게 가졌지만 공짜 식사, 공짜 골프를 결코 선호하지 않았다. 자기 몫은 스스로 내는 것이 맞고, 고객에게도 줄 것은 주고, 받을 것은 받아야 한다고 생각했기 때문이다. 예를 들어 고객들과 골프를 친다면 라운드 비용을 각자 내거나 라운드 비용이나 식사 비용을 나눠서 계산하는 것이다. 만남 전에 이러한 점을 미리 정하고 나가면 서로 부담이 없고 편안한 분위기를 만들 수 있다는 장점도 있다.

여기서 말하고자 하는 것은 고객에 대한 '무조건 예스'가 능사는 아니라는 점이다. 세일즈맨도 '노'라고 해야 할 때 '노'라고 솔직하게 말할 수 있어야 한다.

나의 경우 거래처에게 충분한 설명과 아이디어를 주었음에도 나와 투자를 하지 않고 다른 경쟁사와 거래를 한다면 냉정하게 선을 그었다. 또 고객에게 불리한 구조, 손해를 보는 구조, 거짓 정보가 숨겨져 있는 상품이 갑작스럽게 유행하는 경우도 비일비재했다. 그러면 유사한 구조의 상품을 소개해 달라는 업계 분위기가 생긴다. 그럴 때 "네 만들어드릴 수 있습니다"라고 하면서 단기적인 성과를 올릴 수 있지만, 그것은 장기적으로 고객의 신뢰를 잃어버리게 되는 치명상을 입을 수 있다. 일례로 TBT 연계 상품(금리가 오르면 레버리지를 이용해 수익이 발생하는 상품)이 유행처럼 소개된 적이 있었다. 오랫동안 내리막길을 걷던 금리가 잠시 오르자 여러 증권사에서 금리 연동 상품을 쏟아낸 것이다. 물론 내가 다니던 회사에도 상품을 만들어달라는 문의가 거래처에서 쏟아져 들어왔다. 장기적으로는 금리가 오를 가능성이 거의 없는 상태였기 때문에 금리가 오르지 않을 것이라고 고객들에게 누누이 이야기한 상황이었다. 나는 상품을 만들 수는 있지만 좋아야 원금밖에 가져갈 수 없을 것이라고 솔직하게 말했고 단 한 건도 거래하지 않았다.

BDI(Baltic Dry Index: 벌크선 운임 지수)라는 지수가 있다. 이것은 극히 일부 증권사를 제외하고는 상품으로 만들지 않는 지수로, 상품으로 만들기에는 당시 유동성도 없었고 몇 년 간 하락세에 있었다. 신뢰할만한 경제의 물동량을 대변하는 지수가 아니었던 것이다. 그럼에도 불구하고 너무 하락해 있으니 언젠가 올라갈 거라는 막연한 기대감으로 상품으로 만들어보자는 제안이 왔으나 일언지하에 거절했다. 나는 고객에게 불리한 상품이었기 때문에 거절했지만 다른 증권사에서 만든 상품을 구매한 고객들은 그들의 기대와는 전혀 다른 결과를 얻게 되었다.

결국 고객과 세일즈맨은 결국 서로의 시간과 비용의 투자를 회수할 수 있을 때 관계가 장기간 지속될 수 있다. 그러기 위해 세일즈맨은 회사건 고객이건 아닌 건 확고하게 'NO'라고 말할 수 있는 배포를 가져야 한다고 믿는다.

훌륭한 말은 훌륭한 무기이다
- 풀러

| 전무님과의 인터뷰

신입사원 세일즈맨이라고 하면 아직까지 전문직보다는 영업자, 물건을 어떻게든 팔아넘기려 한다는 인식이 강합니다. 전문직으로서 세일즈맨으로 자리 잡기 위해서는 무엇이 필요할까요.

전무님 고객과 업계 사람들에게 인정받으며 롱런하는데 가장 필요한 부분이 바로 지속적인 활동이라고 봅니다. 예전의 세일즈는 판매자에서 소비자로 원웨이 형식으로 판매를 한다는 개념이 강했습니다. 하지만 이제는 고객에 대한 후속 서비스가 제대로 이루어지지 않는다면 고객들은 순식간에 소통이 잘 되는 쪽으로 옮겨가게 됩니다.

세일즈맨과 고객과의 관계는 보통 일정한 단계를 밟습니다. 먼저 커스터머에서 클라이언트가 되고 마지막으로 프렌드가 되는 과정을 거치게 되죠. 물건을 판매한 이후에도 지속적인 애프터 서비스, 좋은 정보 제공, 불만에 대한 피드백 등을 계속해서 이어가야 합니다.

나아가 세일즈를 생각할 때 궁극적으로 누구를 위한 행동이냐를 생각해봐야 합니다. 예를 들어 공무원직은 말하자면 대국민 세일즈라고 할 수 있습니다. 공무원이라면 공익을 위한 행정 서비스를 지역주민부터 도시민, 전국민이라는 고객에게 제공한다고 볼 수 있습니다. 공무원도 이를 통해 주민이 더욱 편리하고 만족해할 수 있는 세일즈 마인드를 갖추고 있어야 하는 것이죠. 곧 국가적인 서비스이며 이것은 결국 가장 높은 공무원직인 대통령과 국회의원 등도 결국 세일즈의 소양을 갖추고 있어야 하는 이유가 됩니다. 이들이 펴는 정책을 통해 지지자들에 대한 세일즈를 하는 것입니다. 사람들의 욕구와 불만을 만족시키는 행정 서비스를 제공하고 궁극적으로 다시 자신들의 행정 서비스를 구매하도록 만드는 과정이라고 할 수 있습니다.

　　판매 일선에서 일을 하지 않는 사람들도 수량화할 수 없는 무형의 세일즈 활동을 통해 소속 기업과 기관에 기여를 하고 있다고 볼 수 있습니다. 예를 들어 전자제품 회사의 서비스센터에 A/S 요청이 들어온 제품을 수리하는 것이 업무라면 그 사람이 세일즈를 알아야 하는 이유가 있을까요? 세일즈에는 무형의 세일즈, 즉 수량화할 수 없는 부분이 있습니다. 나의 프로페셔널리티, 맡은 일에 대한 기여도, 고객의 서비스 만족도, 회사와 제품 이미지 상승 등이 맞물려 결국 나의 업무 성과에 반영이 되게 됩니다.

이는 분명 세일즈라고 할 수 있으며 판매 일선에서 일을 하지 않는 사람들도 수량화 할 수 없는 무형의 세일즈 활동을 통해 소속 기업과 기관에 기여를 하고 있다고 볼 수 있는 것이죠.

나의 매력 포인트를 찾는 것이 먼저다

나는 고객을 만날 때 비즈니스 자체에 대해서는 거의 이야기를 하지 않는 편이다. 영업에 직접적으로 관련된 것은 차후에 이메일이나 통화를 하면 되기 때문이다. 대면할 때는 언론에서 접할 수 없는 시장에 대한 나만의 설명, 취미 등이 톡톡한 연결고리가 될 수 있다. 그런 것들이 비슷한 배경의 세일즈맨들 중에서 왜 나여야만 하는지 어필할 수 있게 해주기 때문이다.

특히 다양한 취미를 가지고 있으면 어떤 고객을 만나도 대화가 쉽게 풀릴 수 있다. 사람들과 어울리는 것을 좋아하지 않는 사람이라도 취미가 맞으면 사람들이 다가오기도 하고 행동도 바뀐다.

예전에 소위 큰손이라 불리는 개인투자자를 소개받을 기회가 있었다. 그는 이미 금융시장과 금융상품에 대해 전문가 이상의 식견을 가지고 있었고 안목도 뛰어났기 때문에 일반적인 금융상품 상담처럼 이어진다면 오히려 시간을 뺏게 되는 꼴이었다. 그런데 우연히 그의 사무실에서 보이차(대엽종의 찻잎을 건조시킨 모차를 원료로 발효시킨 차)를 함께 마시자고 권해왔다. 나는 보이차에 관해서라면 자신이 있었기에 이에 대한 주제로 대화를 이어나갔고 보이차에 대해 잘 아는 세일즈맨은 흔치 않은 덕분에 보이차에 대해서도 전문가적인 지식을 가지고 있던 그 고객과 쉽게 친해질 수 있었다. 이후에도 보이차에 대한 대화를 SNS를 통해 수시로 주고받게 되었다. 정작 세일즈에 관한 것들은 핵심적인 이야기들을 제외하면 거의 하지 않았지만, 자연스럽게 투자계약을 맺는 관계로까지 발전하게 되었다.

주의할 점은 종교 정치 나이 지역색 학교 등의 이야기는 대부분의 고객들이 천차만별이기 때문에 굳이 그런 이야기를 할 필요는 없다는 것이다. 긴밀한 프렌드 단계까지 나아가지 않은 상태에서 이러한 대화 주제를 꺼내면 오히려 역효과가 나게 된다.

어느 골프 동호회 모임에 회장님이 있다. 그는 과거의 사고방식과 행동방식에 젖어 사는 사람이었다. 당연(?)하게도 그 모임엔 지금 청장년들은 모습을 점차 사라지고 수십 년 전 이야기를 공유하는 나이 드신 회원들만 나가게 됐다. 사적인 모임이더라도 과거의 이야기를 자랑하고 회상하기 위해 가는 사람들은 거의 없다. 결국 대화에 있어서 중요한 것은 현재이고 앞으로의 가능성이다. 모임이 과거에 초점이 맞춰져 앞으로의 가능성을 보이지 못한다면 관계는 활력을 잃어버리고 만다.

중국의 고서인 예기에는 어느 나라에 대해 제대로 알려면 그 나라의 어린이, 유행하는 음악, 음식을 보라고 했다. 특히 세일즈맨들은 미래의 트렌드에 민감해야하기 때문에 1020세대의 음악방송, 빌보드 핫 100 같은 최신 문화트렌드를 파악할 수 있는 것들을 자주 접해야 한다.

나의 경우 되도록이면 후배와 동료들, 인턴들과 시간을 보내고자 했다. 이들의 생각에서 앞으로의 큰 흐름을 읽는데 도움이 되었다. 그래서 후배들이 최근 보고 있는 영상이나 사이트가 있으면 물어보기도 한다. 요즘은 어떤 사이트에 접속하는지, 어떤 맛집을 가고 있는지, 어떤 음악을 듣는지, 옷차림은 어떤 스타일을 선호하는지 예민해야 도태되지 않기 때문이다.

사고방식, 옷차림, 말투 역시 새롭게 받아들여야 한다. 세일즈맨은 생물학적 나이보다 문화적 공감대가 떨어지는 순간부터 나이가 든다고 생각한다. 일본만 가도 나이 드신 분들 중에 개성 있는 스타일의 패션이 많다. 나이가 들어도 패션리더가 될 수도 있고 패션의 트렌드를 따라가면서 스스로를 어필할 수 있다. 모난 돌이 정 맞는다가 아니라 아름다운 돌이 값어치가 올라간다는 마음가짐으로 매력 포인트를 업데이트를 해야 한다.

신입사원 저는 상당히 낯을 가리고 말주변도 정말 없는 편입니다. 그러나 세일즈 업계에서 일하고 싶고 판매도 잘 해보고 싶습니다. 방법이 있을까요?

전무님 세일즈 업계에도 내성적인 사람들이 많습니다. 원래의 성격을 바꿀 수는 없지만 취미활동 등을 통해서 다양하게 많은 것을 아는 것이 좋은 방법이 될 수 있다고 생각합니다. 고객과 대화를 나눌 때 주목과 공감을 이끌 수 있는 것들을 찾는 것이죠. 예를 들어 낚시나 테니스, 배드민턴, 볼링 등도 고객과의 좋은 접점이 될 수 있습니다. 그래서 이러한 접근법에는 미팅하기 전에 고객과의 케미스트리를 미리 찾고 고객의 백그라운드를 어느 정도 아는 것이 필요하게 됩니다. 제가 아는 어떤 직원은 성격이 매우 내성적이어서 처음 보는 사람들 앞에서 대화를 이끌고 가는데 상당한 어려움을 겪었습니다. 이후 그는 고객을 만날 때 캐리커처나 간단한 마술 등을 준비해서 거래처 사람들과 더욱 가까워지려 노력했습니다. 물론 친밀감의 차이에 따라 미팅의 시간과 내용은 다를 수 있겠지만 미팅을 끝날 때 즈음 "언제 시간이 이렇게 빨리 지났지?"라는 아쉬움이 고객 쪽에서 먼저 들게끔 하는 것이었죠.

사실 우리가 TV나 무대에서 보는 연예인들 중에서도 직접 만나 보면 의외로 상당히 내성적인 사람들도 많습니다. 하지만 그들은 그만큼 방송에 대한 준비를 사전에 철저하게 기획하기 때문에 외형적이고 사교적인 연예인 이상으로 인기를 얻기도 합니다.

결국 성격이 내성적이기 때문에 세일즈를 못한다고 말할 수는 없습니다. 어떻게 보완책을 마련해서 고객들과 케미스트리를 만들어 가느냐는 회사나 직장 누구도 그것을 해결해주지 않으며 세일즈맨 개개인이 발굴하고 적용해야 할 몫이라고 생각합니다.

세일즈맨은 관찰하는 습관이 몸에 배어있어야 한다. 고객을 세심하게 배려하는 세일즈 매너에 언제나 귀가 열리고 눈이 떠있기 위해서이다.

그중에서도 특히 간과하기 쉬운 것이 테이블 매너이다. 레스토랑에서 음식을 선택하고 테이블 매너에 따라 먹는 방법, 와인을 제대로 시음하는 방법 등이다. 사실 고객과 고급 레스토랑에서 식사를 하는 것이 거창하고 불필요한 일로 느껴질 수 있다. 혹자는 고객과 허물없이 삼겹살에 소주만 한 것이 없다고 말하기도 한다. 그러나 고객이 프렌드처럼 느껴질 정도로 발전되지 않는 단계라면 오히려 역효과가 날 수 있다. 테이블 매너에 스스로 편안해진다면 격식 있는 비즈니스를 하기에 이만큼 적당한 곳도 없을 것이다.

내가 우선 추천하는 방법은 모임에 나가는 것이다. 와인 모임의 경우 나는 그곳에서 다양한 와인의 종류를 알게 되고 덤으로 다양한 인맥을 얻게 되었다.

김준철 원장(오른쪽 앞)의 와인모임. 그는 국산 와인의 대표 브랜드 마주앙의 공장장 출신으로 프랑스와 독일에서 와인을 제대로 공부했다.

와인의 세계는 무궁무진하다. 공부를 한다면 끝도 없을 것이다. 그러나 대략의 정보들은 와인병에 써있다. 그래서 라벨을 볼 수 있을 정도만 된다면 와인에 대해 자연스럽게 이야기를 나눌 수 있게 된다. 수많은 주류 중에서 손에 잡히는 대로 마시기보다는 이야기를 풀어나가는 소재로서 활용하면 아주 유용하다. 나의 경우 김준철 원장님의 와인 테이스팅 모임에 참여해서 많은 것을 배웠다.

유명 호텔로 평일 점심 등 상대적으로 손님이 적은 시간대에 한 번쯤 방문해서 코스 요리를 제대로 경험하는 것도 좋은 방법이다. 테이블 매너에 관련된 책과 인터넷 등으로 사전 정보를 파악하고 디테일한 것들은 종업원에게 솔직하게 물어보자. 내 경험으로는 테이블 매너에 있어서 업계 종사자에게 물어보는 것이 가장 빠르고 정확했다. 친절히 알려줄 것이다.

각자 자신만의 취향을 제대로 파고 고객들에게 소개해주는 것도 추천할만한 방법이다. 나의 경우 보이차를 아주 오랫동안 즐겨 마시고 있다.

사실 보이차에 대해 잘 알고 있는 사람들은 많지 않다. 보이차 자체가 약은 아니지만 우리 몸에 매우 좋은 성분들이 들어있다. 잎을 발효를 시켜 만들기 때문에 녹차 홍차에 비해 많이 마셔도 위에도 부담이 없다. 보이차가 가지고 있는 여러 가지 몸에 좋은 성분 중에 '갈산(gallic acid)'이라는 성분은 혈중 콜레스테롤 개선과 체지방 감소에 효과를 보인다고 알려져 있다. 보이차를 한국에 처음 들어올 때 잘못된 방식으로 수입이 돼서 여러 가지 오해가 생긴 상황이다. 진품이 적고, 맛이 없으며 중금속까지 검출된다는 이야기들이다. 그러나 보이차를 제대로 알고 마신다면 우리나라에서도 충분히 검증된 훌륭한 보이차를 구할 수 있다(보이차에 대한 잘못된 오해를 바로잡고 제대로 알고 마실 수 있는 내용은 따로 책을 통해 소개할 예정이니 그것을 참고하길 바란다).

누군가는 상품을 판매하기도 어려운데 왜 머리 아프게 이런 것들까지 알아야 하냐고 반문할 수 있다. 하지만 우리에게는 언제나 상대해야할 고객이 있고, 중요한 세일즈는 포멀한 자리에서 이루어진다. 지금 당장은 아니라도 직급이 올라가면 상대도 포멀한 자리를 더 편안하게 생각하게 된다. 그때를 대비해서 미리미리 알아두는 것이다.

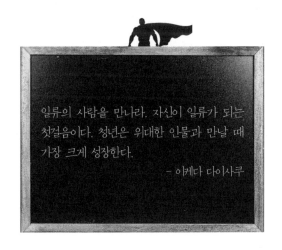

일류의 사람을 만나라. 자신이 일류가 되는 첫걸음이다. 청년은 위대한 인물과 만날 때 가장 크게 성장한다.

— 이케다 다이사쿠

전무님이 알려주는 고객과의 대화 포인트

요즘에는 온라인상에서 일을 시작하고 일을 끝내는 경우가 너무나 많다. 얼굴 한번 보지 않은 채 비즈니스들이 처음부터 끝까지 진행되는 것이다. 그러나 나는 여전히 세일즈 세계에서 대면하는 힘이 크다고 믿는다. 그리고 어떤 일을 함께 하기 전에 그 사람을 만나보는 것이 아직도 마음이 편하다.

고객과 대화를 나누는 데 있어서 가장 기본이 되는 사항은 언어와 표정이다. 인상을 쓰지 않고 미소 짓는 표정을 유지하며, 편안함과 신뢰감을 주는 언어를 사용하는 것은 그 사람의 이미지를 좌우하는 핵심 요소이다.

이를 위해 비디오로 자신의 스피치 동영상을 찍어서 직접 보는 것이 좋은 방법이다. 나는 아주 중요한 미팅이 있거나 사람들 앞에서 강의가 잡혀 있을 경우 내가 말하는 모습을 5분 정도 비디오로 촬영해서 돌려본다. 자신은 안다고 생각할 수 있지만 말이 빠르진 않은지, 사투리는 쓰고 있지는 않는지, 표정이 일그러져 있는지, 제스

처는 과하지 않은지 등 섬세한 부분들을 오히려 본인은 잘 모르는 경우가 많다. 그래서 비디오 혹은 녹음으로 스스로 스피치 하는 것을 직접 확인하는 일은 잘못된 대화 습관을 바꿀 수 있는 좋은 방법이 된다.

특히 말과 행동에 있어서 굼뜨거나 요점을 전달하지 못하는 것은 세일즈맨에게 상당히 마이너스가 되는 요소이다. 고객에게도 시간은 곧 돈이다. 시간이 늘어지고 답답한 느낌이 들면 고객은 금세 흥미를 잃거나 짜증까지 내게 된다. 돌다리도 두들겨 가면서 가라는 옛말은 세일즈 세계에서는 전혀 통하지 않는다. 판단을 빨리하고 상황에 따라 임기응변이 좋을수록 고객은 신뢰를 갖게 된다.

예전에 동료 세일즈맨 중에 말이 다소 느리고 행동이 굼뜬 직원이 있었다. 금융 세일즈의 속성상 시장 상황이 매우 빠르게 변하기 때문에 고객들의 질문에 그날의 상황에 맞게 응대할 수 있어야 했다. 그러나 가격이 어떻게 변하고 있는지 핵심적인 사항들에 대한 피드백이 늦고 요점도 제대로 전달되지 않아 고객들이 항의를 해오는 경우도 있었다.

누군가 무엇을 하거나 구입을 했을 때 "왜 샀냐? 다른 곳이 더 싼데 " "별로 안 좋은데?" "안되는데 그런거 하면" "느낌이 안 좋은데" 등 늘 부정적인 표현을 늘 하던 업계 선배가 있었다. 나는 이와 반대로 "잘 샀다" "예쁘네" "잘 어울린다"와 같은 긍정적이고 사기를 올려주는 말투를 쓰려고 했다. 이미 했거나 산 것에 대해 부정적인 이야기를 해봐야 본인의 이미지만 안 좋아지기 때문이다. 긍정적이고 상대방을 기분 좋게 하는 표현은 상호관계에 좋은 영향을 미치고 분위기를 좋게 만든다.

언어 습관에 있어서 "내가 경험해봐서 아는데" 혹은 "이 업계에서는 보통 이렇게 하는 것이 맞습니다"라고 고객에게 주입하려 한다면 처음에는 잘 모르거나 고객 쪽에서 양보해서 넘어갈 수 있겠지만, 나중에는 신뢰에 의심이 생기면서 이전에 거래했던 것들까지 문제가 생길 수 있다.

특히 세일즈맨이 고객의 질문에 대해 '몰라요' '싫어요' '없어요' '못해요'라고 말하는 것은 금지어와 같다. 상품에 대한 대화에 있어서 부정적인 표현을 쓰면 안 된다는 것이다. 나의 경우 일단 확실하지 않은 부분에 대해서도 고객에게 응대를 하다가 설명이 부족했거나 사실과 다른 이야기를 했다면 헤어진 후 즉시 엘리베이터에서 휴대전화로 확인하고 바로 고객에게 전화나 문자를 해서 바로잡았다. '방금 미팅 시에 말씀드린 것에 보충할 점이 있습니다'라고 양해를 구하고 추가 설명을 하는 것이다. 이런 식으로라도 모른다는 부정적인 표현을 쓰지 않고 어떤 질문이라도 대답할 수 있다는 프로페셔널함을 보이는 것이 중요하다.

중요한 미팅이라면 방문메모를 하는 것을 권한다. 정확히 언제, 어디서, 어떤 직위의, 누구와, 무엇을 했고, 어떤 대화를 나눴는지, 취미는 무엇인지 그날그날 미팅 후 기록해 놓으면 나중에 유용하게 활용할 수 있다. 방문메모는 회사용과 내 것으로 나누는 것이 좋다. 회사용은 포멀하게 쓰지만 개인용에는 그 사람에 대한 취미와 학력, 이력 등을 꼼꼼하게 컴퓨터나 핸드폰에 저장해서 항상 볼 수 있게 만드는 것이다. 재방문 전에 그 내용을 읽고 대화를 이어나가면 다시 이야기를 풀어가기가 쉽다. 그 내용은 나뿐만 아니라 내 부서 전체가 공유할 수도 있기 때문에 부서 차원에서 활용할 수도 있다.

또한 이 사람이 누구인지를 알려주는 역할을 하는 것이 바로 명함이다. 그래서 세일즈맨이라면 항상 멋진 명함집을 가지고 다녀야 한다고 생각한다. 나의 경우 몇 년 동안 사용해 온 악어가죽으로 만든 수제 명함집이 있다. 언제 누구를 만날지 모르기 때문에 더더욱 간과해서는 안 되는 부분이다. 나는 원래 회사 명함에 빈 공간을 마련하고 싶었다. 고객이 나에 대해서 기입할 수 있는 공간을 마련해 두고자 배려했던 것이다. 보수적인 은행 분위기에서는 내 마음대로 변화를 줄 수 없지만 현재 홍콩에 있는 나의 회사 에임하이 홀딩스의 명함에는 이러한 빈 공간을 마련해 두고 있다(명함 앞면에는 나의 사진까지 넣을 예정이다). 그런데 명함을 주고 싶지 않은 경우도 있다. 그럴 때는 없다거나 안 가지고 왔다고는 하지 말고, 마침 명함이 다 떨어져서 곧 새로운 명함이 나오는데 그때 바로 보내드리거나 찾아뵙겠다고 하는 편이 좋다.

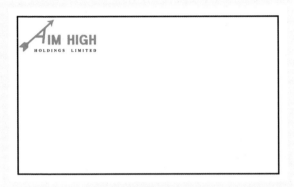

에임하이 홀딩스의 명함 뒷면

   미팅 이후에도 고객에게 연락을 계속해서 이어나가야
한다. 나의 경우 손님을 A B C 등급으로 나누고 A는
하루 몇 차례씩의 연락과 상품 소개를 하는 고객으로,
B는 하루에 한 번 정도 시장 상황을 알리는 메일을 보
내고, C는 1주일에 한 번이나 시장 상황이 바뀔 때 정도
에만 연락을 하는 고객으로 나누었다.

   매 분기마다 거래의 결과를 보고 BOB(Best Of the
Best)인 고객들은 따로 관리했다. 물론 이를 위해서는
내가 제공하는 정보, 이메일, 신상품 소개들은 다른 어
느 경쟁사보다 빠르고 좋은 정보가 되어야 할 것이다.

내 경험으로는 국내에 거주하는 대부분의 투자가들은 해외에서 정작 어떤 금융 상품이 팔리고 있는지 잘 알지 못했다. 내가 오래도록 생존할 수 있었던 이유 중 하나도 해외의 상품들이 어떻게 만들어지고 판매되는지 알고, 그것을 국내 시장에 변형해서 적용할 수 있었기 때문이었다.

국내 투자가들이 정보를 얻는 일부 국내 언론들은 해외의 증권사들이 실제로 어떤 상품을 어떻게 판매하고 있는지 잘 알지 못하고 주로 리서치를 하는 사람들에게서 정보를 구한다. 하지만 리서치를 하는 사람들도 실제 거래가 이루어지는 딜링룸에 있지 않다. 함께 할 기회가 있더라도 차이니스 월(금융회사의 부서 간 또는 계열사 간 정보 교류를 차단하는 장치나 제도) 때문에 정보를 공유하지 못한다. 자기들끼리 얘기하고 자기들이 쓴 소설에 다시 빠지게 되는 상황이 자주 벌어지게 되는 것이다. 때문에 나는 금융 세일즈에 있어서 국내 언론을 권하지 않았다. 정확한 기사보다 소설에 가까운 이야기들이 너무나 많았기 때문이다. 차라리 오늘의 운세는 그래도 읽을 만 했다.

예전에 은 픽싱(은 가격 산출)의 방식이 바뀌는 일이 있었다. 나 역시 당시 금과 은이 연계된 상품을 많이 판매하고 있었기에 투자가들에게 정확한 정보를 알려주려고 세심하게 노력하고 있었다. 나의 페이스북이나 블로그에서 진행 상황을 알려주기도 했다.

그런데 국내 모 경제신문의 기자가 도대체 어디서 그런 이야기를 들었는지 "은 지수가 없어지면서 엄청난 규모의 손실이 날 예상이다"라는 소설과 같은 이야기를 헤드라인으로 썼다. 그것을 본 증권사나 감독기관에서는 난리가 나고 외국계 증권사들을 소집하기도 했다. 투자자들은 공포심에 손해를 보면서 조기 상환을 했다.

난 도대체 왜 이런 일이 일어나는지 이해할 수가 없었다. 변화되는 내용을 자세히 보면 은지수의 산출 방식이 바뀌는 것이지 은지수가 없어지는 것이 아니었기 때문이다. 당시 나는 은지수 연계 상품을 가장 많이 판매하는 세일즈맨이었기에 감독기관에서도 나에게 연락이 왔다. "현재 해외 금융시장의 담당자들이 모여서 미팅을 하고 있으니 좀 더 기다려달라"고 설명을 했다. 물론 아무 일 없이 새로운 은지수로 대체가 되었고 물론 현재도 지수는 계속해서 나오고 있다.

문제는 이러한 무책임한 기사를 쓴 기자는 아무런 해명도 없이 조용히 넘어갔다는 것이다. 수많은 업계의 관계자와 투자가들에게 손해를 입히는 일부 기자들의 소설은 정확하게 가려서 읽을 줄 모르면 그냥 안 읽는 편이 낫다. 이러한 신문의 무책임한 기사는 지금도 여전하기 때문이다.

나 역시 주가나 금융 자산의 가격이 어디로 튈지 알지 못한다. 그래서 시장 전망을 묻는 인터뷰가 들어오면 하지 않는다. 그것을 전망하고 퍼트리려고 하는 일부 언론들은 금융 실패자들을 양산하기도 한다. 일부 증권방송에서 나오는 거짓 정보에 선동당하는 일들도 비일비재하다. 증권방송에서 강력하게 추천하는 좋은 정보가 있다고 곧이곧대로 받아들이면 물론 안 된다. 그것이 정말 이익이 보장된 정보라면 그들은 자신들부터 몰래 투자할 것이며, 남에게까지 알려주지 않을 것이다.

예전에 브라질과 터키의 국채를 사는 것이 새로 발견한 금광이 발견된 것처럼 언론에 소개된 적이 있었다. 물론 당시 이에 대해 제대로 알고 투자한 사람들은 거의 없었다. 난 투자

가들에게 늘 이렇게 이야기한다. "가보지도 못한 머나먼 나라
의 상품에는 절대로 투자를 하지 마라" 아무리 언론에서 광
고를 하더라도 말이다.

환율 투자에 대한 이야기들도 많다. 소위 거짓 뉴스의 문
제가 여기서 또 붉어진다. 개인들은 절대 환율 연계 상품에
손대면 안 된다고 생각한다. 개구리가 뛰는 방향처럼 환율이
뛰는 방향은 아무도 모르기 때문이다.

또한 금융에는 로스차일드 일가에 관한 음모론이나 화폐
전쟁에서 이야기한 음모론 등이 난무하지만 분명한 것은 금
융에는 음모가 없다는 것이다. 너무나 큰 시장이기에 몇몇이
시장 전체를 움직일 수 없다.

여기서 말하고자 하는 바는 세일즈맨은 귀가 얇으면 안 된
다는 것이다. 악화는 양화를 구축한다는 경제학의 법칙이 있
다. 정보 역시 마찬가지다. 세일즈의 세계도 악질의 정보가 양
질의 정보를 누르고 압도한다. 거짓 정보의 홍수 속에 빠질
바에야 나의 에너지를 충전하게 하는 취미활동에 시간을 투
자하는 것이 더 낫다고 생각한다.

시장은 정보에 의해 움직인다. 다른 경쟁사, 투자자들의 움직임을 먼저 파악하고 상품과 서비스를 제공할 수 있다면 세일즈맨에게 그보다 강력한 무기도 없을 것이다. 경쟁자가 어떤 일을 하고 있는지 알고 있어야 유리한 카드를 쥘 수 있다는 것이다. 가장 유용한 방법은 나의 아군들에게 정보를 듣고 시장의 동향을 체크하는 방법이다.

예전에 독일의 한 증권사에서 새로운 뮤추얼펀드 링크드 상품(뮤추얼펀드 연계 원금보장형 상품)을 론칭한다는 정보를 미리 들을 기회가 있었다. 지수가 내려가면 원금을 보장하고 연관된 펀드 지수가 올라간 만큼 만기에 이자로 지급을 하는 상품이었다. 나는 그 상품이 한국에 소개된다는 소식을 아군으로부터 듣고 그 내용을 자세히 살펴보니, 설명은 그럴듯하지만 실속은 원래 우리의 회사 것보다 좋지 않다는 것을 알 수 있었다. 나는 그 구조로 빠르게 상품을 만들어서 제시하였고, 더 나은 점을 강조하며 국내 주요 증권사들에게 뮤추얼펀드 링크드 상품을 판매할 수 있었다. 그 결과 다른 경쟁사가 잠식할 수 있는 위험들을 사전에 차단하고 오히려 시장을 넓혀갈 수 있었다.

이처럼 경쟁사가 신상품을 나의 아군에게 보여주면 나는 그보다 더욱 투자가에게 유리한 구조로 상품을 만들 수 있었다. 그들이 따라오지 못하는 구조 혹은 생각하지 못하는 자산들을 골라서 만들었던 것이다.

사실 금융 세일즈 업계에서 상품을 베끼고 판매하는 것은 매우 쉽고 흔한 일이다. 몇 시간이면 상품을 카피하는 경우도 있다. 단, 무조건 같게 카피하지 않고 색다른 구조를 가미해서 투자가들에게 더욱 유리한 상품으로 내놓으면 고객과 서로 윈윈할 수 있는 상황이 된다.

결국 아군들과 끊임없이 경쟁업체에 대한 안테나를 세우고 정보를 교환하는 것은 시장 동향을 생생하게 파악할 뿐만 아니라 시장을 선점하는 가능성을 높일 수 있게 된다.

생각이 다름은 틀린 것이 아니다

나와 생각이 다른 사람들은 고객이든 회사 내부든 반드시 있기 마련이다. 그러나 생각과 관점이 다르다고 커스터머에서 클라이언트 혹은 프렌드가 되지 못한다는 법은 없다. 서로의 차이점들을 인정하면서 관계를 유지하거나 나와 거래를 하지 않아 거기서 관계가 스톱되더라도 그만인 것이다.

예전에는 나와 생각이 전혀 다른 사람들은 이후로 보지 않거나 연락처를 지워버리는 경우도 있었다. 하지만 지위가 올라가고 경험이 쌓이다 보니 생각이 다른 사람들을 포용할 수 있는 것이 세일즈맨의 능력이라는 것을 알게 되었다. 돌이켜보면 익숙하지 않은 다른 환경의 사람들과 있었을 때 내가 가진 시선을 좀 더 제대로 바라볼 수 있었다. 어떤 점이 나의 강점이고, 어떤 점이 부족한지 생각이 다른 이들과 편견을 두지 않고 대화할 때 객관적으로 볼 수 있는 기회가 되었던 것이다. 단순히 내 주관과 관점을 이해시키려는 자세는 오히려 본인의 생각을 발전시킬 기회를 차단하게 된다. 그래서 이제는 나와 생각이 다르고 관점에 차이가 크다고 하더라도 배척하지 않는다. 다른 것이지 틀린 것이 아니기 때문이다.

세계 최정예라고 불리는 영국의 특수부대 SAS의 신병교육 과정은 잔혹하기로 유명하다. 이들이 특수부대원으로 거듭나기 위해 반드시 거치게 되는 것이 야생 정글 훈련이다. 이들에게 교관은 "무조건 싸워 이겨라, 이곳에 지배당하지 말고 싸워서 이겨내라"고 하지 않는다. 정글에 입소한 신병들에게

교관이 주는 조언은 "정글과 싸우려 하지 말고 어깨에 힘을 빼라"이다.

지금 내가 가지고 있는 생각들을 더 멀리, 깊게 있기 다듬기 위해서는 다른 생각과 관점들을 억지로 바꾸려고 하지 말고 어깨에 힘을 빼고 수긍할 것은 수긍해야 한다. 세일즈 업계에서도 상대를 회유하려는 노력 대신 온전한 공감과 관심을 기울이는 것, 관심과 애정을 보이는 만큼 성과로 되돌아왔다. 내 마음속의 원칙, 원리는 유지하되 다양한 사람들과의 관계에서 유연하게 다른 관점들을 받아들일 수 있다면, 어느 상황에도 좁은 관점에 갇히지 않고 균형을 잡을 수 있는 세일즈맨이 될 수 있을 것이다.

신입사원 직장에서 안정적인 생활을 보장받는 것이 중요해
지고 있는 것 같습니다. 평일에는 상사에게 항상
잘 보이기 위해서 애쓰고, 퇴근한 이후나 주말에
도 연락을 해오면 괴로울 때가 많습니다.

전무님 이점은 저 역시 딜레마가 있는 부분이었습니다.
사실 제 경험으로 외국계 증권사에서 고위직에
올라 있는 사람들 중에 이혼한 사람들이 많았
습니다. 이들은 다른 무엇보다도 일을 선택하는
사람들이었죠. 해외의 경우 가정보다 일을 우선
시하고 그들에게 소홀하게 되면 자연스럽게 이
혼으로 가는 분위기가 있습니다. 하지만 우리나
라에서는 직장에서 열심히 일해서 돈을 벌어오
면 그것으로 가정에 어느 정도 충실한 사람이라
는 인식이 있어서 많은 업무량 때문에 그렇게까지
가정이 무너지지는 않았습니다. 다행히 외국뿐만
아니라 우리나라 기업들의 업무 시간은 많이 변
하고 있습니다. 휴일과 휴식시간을 보장하는 쪽

으로 가고 있는 것이죠. 오히려 저녁 8-9시까지 남아서 일하는 것이 일을 잘 못하는 것으로 인식이 바뀌고 있어서 다행이구나 싶은 생각이 듭니다.

업무 시간에 대한 문제는 오히려 중소기업, 가족형 기업, 스타트업 등에서 종종 발생하는 것 같습니다. 명백하게 잘못된 관행들이 있다면 당당하게 이야기해야 한다고 생각합니다. 저는 수십 년 동안 일반 기업에 다니면서 술 한번 안 마신 사람도 보았습니다. 그러기 위해서는 회사 안에서 자신의 실력을 함께 높이는 것이 중요하다고 생각합니다. 당당하게 요구하고 개선되지 않으면 다른 곳으로 옮겨도 충분히 성과를 낼 수 있을 정도로 말이죠. 해외 증권사 세일즈 파트에서는 그 사람이 어떤 직장에 있느냐보다 어떤 고객들을 가지고 있느냐로 업무에 대한 실적을 가늠합니다. 즉 다른 곳으로 옮기더라도 좋은 고객들을 확보하고 있다면 경쟁력은 그대로 유지할 수 있는 것이죠. 내가 이 회사에서 있을 때와 없을 때의 확실한 차이를 만드는 것입니다.

물고기를 잡으려면 어망을 만드는 것부터 시작하라

물고기를 잡아주는 것이 아니라 어망을 주라는 말이 있다. 나는 여기서 한걸음 더 나아가 어망을 만드는 법부터 터득해야 한다고 생각한다. 예를 들어 증권 세일즈의 경우 시장 상황과 변화에 따라 상품을 만들 수 있는 방법을 익히는 것이다.

나는 세일즈맨으로서 역지사지의 마음을 갖는 것이 매우 중요하다는 것을 늘 체감해왔다. 자신이 소비자의 입장, 투자가의 입장 등 상대방의 입장이 되어서 그 사람이 필요로 하는 것을 정확히 알고 그에 맞게 제공할 수 있어야 하기 때문이다.

그것은 상품에 대해 자세히 알고 고객이 원하는 것에 가장 가까운 상품을 만들거나 찾아주는 노력을 많이 시도해 보는 것에서 시작된다. 단순히 고객들에게 상품을 전달해 주는 것이 아니라 그들만의 온리원 상품을 만들어 주는 것이다.

그러기 위해 내가 고객이라면 어땠을까라는 역지사지의 마음이 필요하다. 나의 경우 새로운 금융상품을 당신의 할머니, 고모, 사촌, 와이프에게 설명해서 10분 안에 그들이 이해할 수 있다면 그것은 좋은 상품이라고 말한다. 이런 사람들이 대다수의 고객군이기 때문이다. 즉 고객들이 곧 나의 친구이자 경조사까지 챙기는 사람들이라면 과연 이 상품을 이해시킬 수 있고 추천할 수 있는지 고려해야 한다는 것이다.

내 주변 사람들을 소중히 생각하고 베푸는 습관을
가져야 한다

　세일즈맨의 수익은 얼마나 좋은 고객들을 확보하고 있느냐에 따라 달라진다. 사실 내 수익의 50% 이상은 상위 5명의 고객이 만들어주고 있다. 이 고객들을 만족시키기 위해 고민하는 것이 내 주요 업무라고도 할 수 있다. 그러나 내가 이들에게 상품을 팔아서 얼마나 이득을 남길 것인지를 우선순위에 둔다면 오래가지 않아 고객들은 떠나가게 된다. 이 사람들이 나로 인해 얼마나 행복할 수 있는가에 초점을 맞추면 비록 시간이 걸리고 효과가 빠르지는 않더라도 결국은 함께 롱런할 수 있다. 그래서 내가 만약 고객이라면 어떤 세일즈맨과 거래하고 싶은가를 항상 생각하고 그에 따라 행동해야 한다.

나의 경우 클라이언트의 가족의 일까지도 챙기고자 했다. 소위 집사의 역할까지 맡고자 한 것이다. 예를 들어 나의 고객과 거래하는 중요한 거래처의 직원이 내가 머물고 있거나 잘 아는 지역으로 출장을 올 경우 그 지역을 소개해주고 골프 같은 취미생활까지 함께 하고자 했다. 클라이언트와 돈독해지고 클라이언트의 고객과도 좋은 우호관계를 맺으며 새로운 클라이언트로 발전할 수 있는 가능성이 생기게 되기 때문이다.

고객의 경조사, 특히 자녀의 입학과 졸업, 취업 등 집안의 좋은 일이 있다면 축하한다는 말 한마디가 관계형성에 큰 도움이 되기도 한다. 별로 친하지 않았어도, 비즈니스 관계라 해도 이러한 연락은 무시할 수 없는 효과를 가져오기도 한다.

예전에 대기업의 자금을 담당하던 이사 한 분이 있었다. 그는 주로 지방에서 근무를 했는데, 나는 아침에 일찍 지방으로 내려가서 그분을 찾아뵙고 돌아오는 일을 수시로 하곤 했다. 우리와 계약 경쟁을 했던 많은 회사들이 있었는데, 다른 경쟁사들도 점차 그러한 방문을 따라 하기 시작했다. 어느 날 그분의 아들이 원하던 대학에 합격했다는 소식을 아군을 통해 미리 들을 수 있었다. 고객의 집에 대학 입학을 축하하는 화환을 보냈고 그동안 쌓아왔던 신뢰와 함께 큰 점수를 따게 되어 거래를 성사시켰다.

세일즈를 포함한 모든 관계에 있어서 받는 것보다는 주는 것이 시작이 된다. 그것이 어드바이스가 됐건, 물질적인 것이 됐건 말이다. 세일즈는 자신의 주변 인간관계부터 시작하기 때문에 주변인들을 소중하게 생각하고 베풀지 못하면 어느 지점 이상 나아갈 수가 없다.

전무님이 알려주는 세일즈 팁 - 선물의 기술

나는 특별한 경우를 제외하고는 꽃다발을 선물로 주지 않는다. 대신 그 사람에게 정말 필요하거나 어울리는 것을 선물하려고 한다. 그것이 배려라고 생각하기 때문이다.

세일즈맨이 자신의 고객에게 선물을 할 때는 거래를 전제로 하거나 중간 마진을 기대한다면 어찌 보면 뇌물과 다를 바가 없다. 그러나 감사의 마음을 서로 부담이 없는 선에서 기분 좋게 주고받는 것 또한 세일즈맨에게 필요한 능력이라고 생각한다. 어떤 선물을 해야 그분들이 좋아할까? 사람과 장소를 가려서 해야 할 텐데, 가격도 부담이 될까 걱정이 되기도 한다.

눈이 펑펑 내리던 어느 추운 날 거래처 증권사를 혼자 방문했던 일이 있었다. 그쪽 직원들은 연말 보고서를 쓰느라 야근이 많은 시기였고, 외근을 다녀온 직후에도 담소 한번 나눌 시간도 없이 각자 컴퓨터 앞에 앉아 일을 해야 했다. 나는 근처의 작지만 오래된 호떡집에서 호떡을 사서 방문했다. 한 명 한 명 직원들에게 건네고 일부

러 업무 얘기보다는 가십 이야기를 꺼냈다. 거래처 직원들은 자연스럽게 휴식시간을 갖게 되고 그제야 눈이 내리는 밤 호떡을 나눠먹으며 오랜만에 긴장을 푸는 모습이었다. 그 후 그쪽 직원들과 사이가 좋아져 서슴없이 연락하며 정보를 공유하는 사이가 되었다. 더운 여름날에는 시원한 건강음료를 오후 3-4시 즈음 챙겨가서 선물하면서 분위기를 띄운다. 이처럼 작더라도 관계가 더 깊어지는 계기가 되는 것이 가장 좋은 선물이라고 생각한다.

나는 1년 중 최소 하루는 고객 감사의 날을 갖는다. 1년 동안 거래해주어서 감사하다는 마음을 전하는 날이다. 이날은 고객들을 떠올리며 주고받은 메시지와 SNS까지도 살펴보며 무엇을 필요로 하는지 탐구한다.

얼마 전 서울에 갔다가 홍콩에 돌아오는 비행기 안에서 우연히 파커 볼펜을 판매하는 것을 보고 홍콩의 학생들에게 선물로 주었다. 그것이 그들에게 실용적이고 의미 있는 선물이 될 것이라는 것을 알았기 때문이다. 어느 증권사의 직원은 아주 낡은 지갑을 가지고 있었다. 평소에 나와 자주 만나는 사람이라 자세히 살펴볼 기회가 있었다. 나는 비행기 안에서 판매하는 카드가 들어가는 작은 지갑을 선물했다. 이 직원은 만족을 하며 자주 애용하게 되었다. 사소한 부분이라도 고객의 지갑이나 구두나 넥타이나 볼펜이나 그러한 것을 유심히 볼 필요가 있다.

그 사람이 가진 물건 더미 중에 하나가 아니라 실제로 옆에 두고 쓰는 도움이 되는 선물하기 위해서이다. 나에게 마냥 예뻐 보이는 것이 아니라 이 사람이 유용하게 이것을 쓸 수 있을 것인가가 먼저다. 그래서 나는 선물이 마음에 안들 때를 대비해 교환권을 함께 준다. 마음에 들지 않으면 편하게 바꾸라는 의미이다. 상대방의 마음을 읽고 채워주려 하는 것, 나는 그것이 배려이고 세일즈맨의 중요한 능력이라고 생각하기 때문이다.

넘버 1 보다는 넘버 2가 되라

나는 업계의 넘버 2 혹은 넘버 3의 회사에서 내가 만드는 상품을 넘버 1으로 만들고 싶었고 그렇게 하고자 노력을 해왔다. 여러 이유가 있지만 다른 무엇보다 도전을 좋아하기 때문이다.

사실 다이와 증권을 비롯해 내가 다녔던 금융회사들은 업계 넘버 1의 증권사들이 아니었다. 첫 직장을 구할 당시에 더 나은 외국계 증권사도 있었지만 이곳을 선택했던 이유는 국제업무에 특화가 되어 있었고 직원들의 교육과 연수에 많은 신경을 쓰고 있었기 때문이었다.

나는 함께할 회사를 선택할 때 세 가지 사항을 고려했다.

첫째 개인 사업자의 형태인가, 대기업 형태인가를 고려한다. 개인 사업자 형태는 자신이 가는 길을 모두 닦아야 한다. 내가 먼저 전화하지 않으면 고객들은 전화하지 않는다. 반면에 대기업에서는 내가 전화를 굳이 안 해도 고객들이 먼저 전화를 한다. 또한 개인사업자 형태의 회사와는 다르게 대기업들은 직원들에게 많은 것을 베풀어준다는 입장을 취하기에 직원들의 능력을 덜 인정해준다. 따라서 적극성과 진취성이 요구되는 업무이기에 능동적인 세일즈맨의 역량을 기르는 데는 오히려 개인 사업자 형태가 도움이 된다.

둘째로 편의점식 영업 형태이냐 백화점식 영업 형태이냐를 고려한다.

백화점식 형태는 상품의 선택과 집중을 하기가 어렵다. 규모가 상대적으로 작은 곳이 자신의 강점을 십분 발휘할 기회가 커지게 된다. 편의점 형태는 접근성과 편리성이라는 강력한 이점이 있다. 컵라면이나 삼각김밥을 먹으러 백화점을 가는 사람이 없듯이 말이다. 대형 백화점식 영업에 비해 가격이 낮고 마진율도 적지만 내가 능동적이고 적극적으로 임해서 판매하는 박리다매의 힘은 무시할 수 없다.

셋째로 의사 결정 단계가 단순한가이다.

내가 있었던 회사들은 보통 3번의 의사 결정 단계를 넘지 않았다. 의사결정 구조가 경직되지 않고 유연하기 때문에 빠르게 변하는 시장 상황에 효과적으로 대응할 수 있었다.

나의 경우 2, 3번째로 시작해서 첫 번째 진입자들이 생각하지 못한 의외의 부분까지 커버해서 만든 상품들이 히트를 했던 경우가 많았다. 예를 들어서 매달 이자를 지급하는 이자 지불식 ELS 구조나 뮤추얼 펀드와 주가지수 또는 환율을 결합해 만든 다양한 하이브리드 상품들은 기존에 있던 상품들에 약간의 독창성을 가미한 것들이었다. 이러한 상품들을 판매하면서 나 자신만의 비즈니스 아이덴티티를 만들어 고객들에게 인지도를 쌓아갔다.

시작은 W증권사와 했으나 완전한 성공은 M증권사와 함께한 금도끼은도끼 상품, S증권과 함께 했던 뮤추얼 펀드 연계 상품, 그리고 국내 모 은행의 신탁 부서와 거의 매주 거래를 진행했던 4개의 지수를 넣은 낮은 배리어의 EKI가 있는 ELS구조 등은 시장에서 상품의 가치를 찾아서 투자가들과 면밀히 논의를 한 후에 만든 상품들이었다.

새로운 상품의 시장성을 확인하고 제작과 마케팅 등 시장을 일으키기 위해서는 시간과 비용이 크게 든다. 하지만 넘버 2의 입장에서는 첫 번째 주자가 어떤 부분에서 성공과 실패를 했는지, 왜 기대치만큼 끌어올리지 못했는지 금방 알 수 있고, 이미 시장을 어느 정도 형성해 놓았기 때문에 효과적으로 세일즈 활동을 펼칠 수가 있다.

이곳에 읽은 후 느낀 점이나 기록할 것들을 적어보세요

PART 3

전무님의
자기계발

세일즈맨에게 슈트는 전투복이다

나는 넥타이와 향수 선물을 받는 것을 꺼린다. 내가 좋아하는 스타일과 브랜드, 그리고 향이 있기 때문이다. 전문가다운 외모를 관리하는 것은 신뢰감을 주고 자신감을 돋보이게 한다. 옷 입기를 강조하는 것은 구태의연한 것이 아니라 내가 가진 프로페셔널리즘을 먼저 드러내 보이기 위함이다. 향후에 투자금융 시장의 분위기가 어떻게 바뀔지 모르겠지만 나의 전문성을 표현하는 옷 입기는 여전히 필수적이다. 특히 슈트는 세일즈맨의 전투복이라고 할 수 있으며 언제나 고객을 만날 준비가 되어있기 위해 주의를 기울여야 하는 부분이다.

내가 투자은행 업계에 첫 발을 내디딘 것은 1989년 말, 일본의 다이와 증권 서울사무소에서였다. 당시 일본 경제는 초호황기를 누리고 있었고 버블경제의 끝자락을 향해 달려가고 있었다. 당시 노무라, 다이와, 니코, 야마이치 등 일본의 대표 증권사 직원들의 프라이드는 하늘을 찌를 정도였다.

세계 1, 2위를 다투던 일본의 증권사들이었던 만큼 직원 교육에도 철저했다. 당시 나는 다이와 증권의 본사가 있는 도쿄와 런던 지점에 자주 출장을 오가며 철저한 직원 교육의 현장을 직접 체험할 수 있었다. 머리 스타일은 옆머리가 귀를 덮으면 안 됐고, 와이셔츠는 항상 깨끗한 하얀색으로 소매의 끝에 이니셜을 새겨서 입어야 했다. 손수건은 기본이며 로퍼가 아닌 끈이 있는 옥스퍼드 구두와 양말의 색깔을 맞춰 신어야 했다. 해외의 투자은행 세일즈맨들이 넥타이나 시계, 구두나 양복, 손수건 등에서 암묵적으로 사용해야 하는 브랜드들까지 있었다.

우리는 전장에서 싸우는 군인과 같다. 그리고 옷차림은 우리의 전투복이다. 군인이 싸움에 적합하지 않은 옷을 입고 싸우면 패배할 가능성은 그만큼 높아진다. 옷차림을 제대로 안 해서 즉시 손해는 보지는 않을 것이다. 그러나 첫인상을 좌우할 중요한 요소가 된다.

냉정하게 말하자면 세일즈맨은 고객에게 회사를 대표하는 사람이자 하나의 작품으로 인식된다. 고가의 작품으로 인식될지 아닐지는 첫 미팅에서 대부분 결정되는 것이다. 소위 1020대의 얼굴은 부모님이 가꾸어주고, 3040대의 얼굴은 본인 스스로 가꾸고, 50대 이후에는 배우자가 가꾸어 주는 것이라는 말이 있다. 결국 자신의 외모를 말끔하게 유지하는 것은 고객에게 신뢰감과 프로페셔널함을 주는 것이며 세일즈 실적에도 큰 영향을 줄 수 있다고 할 수 있다.

예전에는 옷을 잘 갖춰 입고 나오던 거래처 증권사에서 어느 순간 너무 편해진 것인지 캐주얼 차림으로 미팅을 나오기 시작한 적이 있었다. 나는 증권 상품 세일즈맨이지만 상당히 좋은 가격과 조건으로 상품을 만들어서 다른 회사에 판매하기도 했기 때문에 말하자면 '갑'의 위치에 설 수 있는 '을'의 입장이었다. 여러 거래처로부터 대동소이한 조건으로 거래 오퍼가 왔을 때는 비록 오래 거래를 하지 않았더라도 옷을 잘 갖춰 입고 나온 세일즈맨과 거래를 진행했다. 옷차림이 프로페셔널함과 신뢰감을 주기 때문이다. 이것은 외모에 대한 편견처럼 보일 수 있지만. 실제로 연구조사에 따르면 옷차림에 따라 첫인상에서 상대방에 대한 신뢰가 몇 배 이상 차이가 날 수 있다고 한다. 만약 우리가 집에서 쉬고 있는데 세일즈맨이 벨을 눌렀을 때 그 사람이 말끔히 차려입고 인상도 좋으면 아무래도 반대의 경우보다는 문을 열어 주거나 대꾸를 해 줄 확률이 더 많아진다.

2000년 초 닷컴 버블로 많은 인재들이 IT업계로 빠져나가고 금융 회사 내부에서도 근무 분위기의 경직성에 대한 불만 의견이 나오자 당시 사내 분위기, 특히 옷을 입는 문화를 바꾸기 시작했다. 노타이와 캐주얼 슈즈, 스마트 캐주얼 룩 등이 딜링룸에서도 보이기 시작했다. 하지만 머지않아 버블이 끝나고 금융 회사들은 다시 옷차림을 강조하기 시작했다. 그것이 곧 세일즈맨의 전투복이자 투자가들을 만나는 기본적인 매너였기 때문이다. 세월이 바뀌어도 변하지 않는 것들이 있다. 그것은 유행이 아니라 고객에 대한 예의이자 배려라고 생각한다.

코메르츠 은행의 본사 방문 시 모습

사랑은 첫인상과 함께 시작된다.
- 발자크

내가 보디빌딩을 하는 이유

나는 대학생 때까지 상당히 마른 체형이었다. 181cm의 키에 몸무게는 62~64kg 밖에 안 나갈 정도로 말랐고 건강관리에도 너무 소홀했다. 어느 해 후두염으로 심하게 고생을 한 경험을 계기로 건강에 안 좋은 습관들을 대부분 버리기로 했다. 학교에서 보디빌딩을 시작했고 그때부터 몸이 불어났다. 끝까지 하지 않고는 못 배기는 성격이라 한국에 있을 때는 선수로서 보디빌딩 시합에 출전하기도 했고, 싱가포르에서는 강의를 듣고 시험도 보면서 피트니스 트레이너 자격증도 땄다.

세일즈 업무는 체력이 상당히 중요하다. 세일즈맨들은 종종 집에 못 가고 사무실에서 시장 상황을 계속해서 지켜봐야 하고, 고객들과 새벽까지 술을 마시고 아침 일찍 출근하기도 한다. 체력이 뒷받침되지 않으면 힘든 부분들이다.

사실 나는 술을 잘 마신다. 그런데 내 주위 사람들은 내가 술을 안 좋아하는 줄 알고 있다. 거기에는 이유가 있다. 나는 세일즈에 있어서 '술'은 필요악이라고 생각한다. 어차피 마셔야 한다면 되도록 고객과 마신다. 그 외에 사적인 술자리는 가급적 줄이고, 친분 유지를 위한 최소한의 자리만 나가려고 한다. 세일즈맨으로서 좀 더 친밀해지는 기회가 필요한 고객과는 술자리를 함께 해서 좋은 관계를 맺고, 그 외의 친목 자리는 자제를 하는 것이다. 매일 누군가와 술을 마시는 것보다 차라리 하루에 한두 시간씩 자신의 취미활동을 하는 편이 훨씬 유익했다. 그것이 스트레스를 풀면서 에너지를 채우는 좋은 방법이기 때문이다.

2001년 나의 삶의 관점을 완전히 바꾸는 사건이 있었다. 베어스턴즈라는 증권사에서 채권과 신용 및 파생상품들을 판매하고 있을 때였다. 한국에 출장을 와서 세미나와 미팅이 일주일 내내 이어졌다. 살인적인 스케줄이 이어지던 시기였다. 당시 나는 보디빌딩 대회를 나갈 정도로 몸이 좋았기 때문에 건강에 대해서는 자신이 있었다.

싱가포르 회사의 딜링룸 직원들에게 짐볼을 선물을 하기도 했다. 의자 대신 짐볼에 앉아서 일을 하면 복근을 단련하고 자세가 바르게 되기 때문이다.

어느 5월의 일요일, 전날 고객들과 골프를 마친 후 아침에 헬스클럽에서 운동을 하고 있었는데, 갑자기 의식을 잃고 쓰러지고 말았다. 당시 상황을 전해 들은 바로는 이미 뇌출혈이 일어났고 왼쪽 동공이 풀린 상태(오른쪽 뇌는 뇌사)였다고 한다. 호텔 근처 병원으로 이송됐지만 당시 일요일이었기 때문에 신경외과 담당의가 없었고 응급처치만 우선 진행됐다. 더구나 가족들은 모두 해외나 지방에 있었기 때문에 수술 동의서에 서명할 사람도 없었던 급박한 상황이었다.

천만다행으로 의사였던 친한 후배의 아버님분이 오셔서 사인을 해주었다.

퇴원하는 날 의사는 나에게 무슨 일을 하는지 물었다. 증권사에서 금융상품 세일즈를 한다고 대답하자 의사는 그러한 직종에 있을 것 같았다고 당연한 듯이 말했다. 업무가 몰아치면 짧은 기간 동안 스트레스가 큰 세일즈의 직업상 비슷한 경우가 많다는 것이다. 본래 낙관적이고 긍정적인 나였지만 나도 모르는 사이에 스트레스의 연속인 상황에 무방비로 노출되어 있었다. 나는 운 좋게도 살아났지만, 퇴원하고 얼마 후 나의 지인도 뇌출혈로 세상을 떠났다고 전해 들었다.

이러한 일들을 겪으면서 사고 이전의 나와는 확실히 달라졌다. 예를 들어 차가 막히면 예전에는 욕도 하고 경적을 울리기도 했지만 나는 이제 창밖을 바라보거나 최신 유행곡을 따라 부르기도 한다. 그러면 그동안 보이지 않았던 빵집, 꽃가게, 커피숍, 식당 등 거리의 모습이 눈에 들어온다. 나중에 한번 가봐야지 하고 생각을 하며 나름 여유를 찾게 된다.

또한 사소한 것에 목숨을 걸지 말라와 같은 책을 비롯해서 많은 자기계발서를 읽으며 어쩔 수 없는 상황에서의 스트레스를 줄이고자 하는 방법들을 적극 찾게 되었다.

한 우물을 파라

나는 하나에 빠지면 끝까지 해보는 성향이 있다. 94년도에 홍콩에 와서 처음으로 마시고 흥미를 느끼기 시작한 보이차도 꾸준히 공부와 세미나를 하면서 이제는 책을 쓸 정도로 보이차에 관해서 자세히 알게 되었다. 풍수지리도 나는 해마다 연초에 고객들에게 그 해의 풍수 기운을 써서 보낼 정도로 관심이 많고 즐겨 공부를 한다. 이건 아마도 내가 하나를 선택했다면 끝까지 파는 습관 때문이 아닌가 싶다.

음악의 경우 프로 뮤지션들과 밴드를 하기도 했고 골프도 프로골퍼와 라운딩을 할 정도의 실력을 갖추게 되었다. 야구도 좋아하는 팀의 경기는 한국에 출장을 오면 꼭 응원하러 간다. 덕분에 야구 선수들과도 친분이 생기게 되었다. 한국에 올 때마다 가는 명동과 싱가포르의 미용실, 20년 가까이 친구처럼 지내는 자동차 판매원까지 거의 한 우물만 파고 있는 셈이다. 밥을 먹으러 식당에 가도 나의 성향을 잘 알고 있는 곳에 가려고 한다. 그래야 제대로 된 대접을 받고, 혹시나 내 고객들이 내가 함께 가지 않아도 더 좋은 서비스를 받을 수 있기 때문이다.

일례로 싱가포르에서 유명한 '롱비치 해산물 음식점'에는

자주 가는 토니식당의 오너와의 사진

내가 즐겨먹는 '미스터 킴'이라는 메뉴가 있다. 나의 고객들이 이곳 근처로 오게 되면 식당을 안내하고 이 메뉴를 추천한다. 내가 20년 전 처음 방문했을 때 막내 매니저였던 직원은 이제 시니어가 되어서 나의 고객들까지 적극 서비스하고 있다. 내가 가는 음식점, 옷가게, 호텔 심지어 픽업 택시(취미는 물론 그분의 가정사까지 알고 있다)까지 오랜 시간을 관계를 맺고 함께 성장했던 것이다. 이것은 선택의 다양성을 배제하자는 것이 아니다. 세일즈맨으로서 나에게 맞는 것들로 무장을 하자는 것이다. 나의 취향을 알아봐 주는 곳이라면 서비스가 달라진다. 넓고 얕게 아는 것이 대세라고는 하지만, 나는 여전히 깊이의 힘을 믿는다.

고등학교 때부터 현재까지 밴드 활동을 해오며
취미와 인간관계를 함께 넓힐 수 있었다

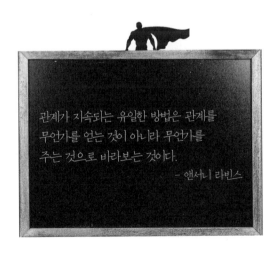

관계가 지속되는 유일한 방법은 관계를
무언가를 얻는 것이 아니라 무언가를
주는 것으로 바라보는 것이다.
    - 앤서니 라빈스

신입사원 세일즈 업무를 5년 정도 하다가 다른 일로 변경
하려 할 때 기술직이 아니기 때문에 이렇다 할 전
문성도 없고, 미래만 불투명해지는 것 아닌가 걱
정이 듭니다.

전무님 사실 세일즈를 했다는 것은 엄청난 플러스 요인
이 됩니다. 예를 들어 외국계 증권사의 경우 고
위직으로 갈수록 딜링룸의 트레이더, 세일즈 파
트를 담당했던 사람들이 확실히 많습니다. 그 이
유를 생각해보면 세일즈맨은 판매활동을 하면서
배려심, 이타심, 정직성, 시장에 대한 종합적인 관
점 등을 기르게 되어 이점을 얻기 때문입니다. 즉
오랫동안 고객과 거래처의 입장에서 역지사지하
게 되기 때문에 세일즈를 했던 사람이라면 관점
의 폭이 넓습니다. 오히려 외국계 증권회사의 인
사실, 기획실, 기조실 등은 전체를 보는 관점이
좁을 수 있는 것이죠. 그 회사의 특성이 많이 반
영되는 업무 환경 때문에 다른 회사 혹은 다른
분야로 이동할 때 어려움을 겪는 직원들이 많습

니다. 그러나 세일즈는 보편적인 업무들을 다루기 때문에 어느 분야, 어느 회사, 어느 직책으로 옮기더라도 바로 적응해서 능동적으로 대처할 수 있다는 장점이 있습니다.

예를 들어 나중에 개인 음식점을 한다고 해도 고객에 대한 아이디어가 많이 나올 것입니다. 종합적인 관점을 가지고 있기 때문입니다. 음식을 맛있게 잘 만드는 사람들은 많습니다. 그 실력을 상품화하고 고객에게 알리는 것을 종합화하는 일이 세일즈의 특화된 업무라고 볼 수 있는 것이죠.

전무님이 알려주는 세일즈 팁 –
내가 해외에 갈 때마다 하는 일

해외에 나가게 되면 찾게 되는 번화가의
뒷골목 풍경

나는 해외에 나갈 때마다 하는 몇 가지 일이 있다. 먼저 시내투어버스를 탄다. 여행코스뿐만 아니라 그 나라의 민낯을 살펴보려는 것이다. 그 나라 사람들의 걸음걸이, 표정, 화장, 옷차림을 보면서 현지의 생생한 모습을 체험한다. 그다음으로 가장 큰 서점에 가본다. 그 나라의 언어를 전혀 몰라도 좋다. 베스트셀러 섹션에 가면 현재 그 나라의 사람들이 무엇을 읽고 생각하는지 여실히 볼 수 있다. 만약 독해가 가능하다면 우리나라에서는 알 수 없었던 다른 관점들을 생생하게 파악할 수도 있을 것이다. 단, 나는 해외 유명인의 자서전이나 전기는 거의 읽지 않는다. 어느 정도 같은 문화를 공유하는 일본 및 아시아와 같이 우리나라와 문화적 배경이 비슷한 나라의 자서전 책들은 도움을 받을 수 있겠지만, 문화가 상당히 다른 나라들의 성공한 사람들의 이야기는 오히려 혼란을 줄 수 있기 때문이다. 차라리 자기계몽적이고 자신을 개발할 수 있는 도서들을 읽는 것이 세일즈맨에게는 도움이 된다고 생각한다.

또한 주중에는 화요일이나 목요일 회사원들의 업무가 끝나는 저녁 시간에 중심지가 아닌 부심지나 일반 동네의 뒷골목의 선술집을 방문한다. 그곳에서 그 나라의 실물 경기를 알 수 있기 때문이다. 골프장의 예약 상황이나 공항에서의 출국장의 모습에서 경제를 보기도 한다. 택시 기사들과의 이야기에서 실물 경제의 목소리를 들을 수도 있다. 또한 외국에 갔을 때 놓치지 않는 것이 현지의 재래시장이다. 얼마 전 일본에 스키지 시장에 갔더니 회를 파는 사람들 중에 중남미 사람들이 많이 보였다. 그곳에서 일본의 인력시장이 매우 유연해지고 있음을 알 수 있었다.

결국 그 나라에 간다면 로컬화, 현지화가 중요하다고 생각한다. 서점 베스트셀러 진열대, 식당, 인기 핸드폰 앱,

공항, 골프장, 여행지 숙소 등에서 실물경제를 보는 눈을 키우는 것이다. 지표상으로 나타나는 경제지수들로 세계 각국의 경제가 돌아가는 것을 파악할 수도 있지만, 한편으로 그 나라의 문화를 가까이 경험하고 사람들과 교류하면서 실물경제의 변화를 빠르게 읽어내서 새로운 기회를 잡을 수도 있다.

외국어는 취업과 승진에만 도움이 되는 것이 아니다

나는 그동안 영어 독일어 일본어 중국어 등을 익혀왔다. 덕분에 회사에서는 일본 홍콩 싱가포르 등 주요 아시아 국가들에 헤드를 따로 두는 것보다 다양한 언어 구사가 가능한 나에게 상품기획과 법률안 검토, 서류작업, 세일즈 마케팅 등 4–5인의 역할을 맡기고 월급을 더욱 높여주는 방식을 택했다. 더불어 외국어를 하면 해외 원서를 읽게 되고 정보력과 분석력은 경쟁자보다 훨씬 더 빠르게 키울 수 있었다.

외국계 증권사의 경우 어느 정도 진급을 하게 되면 두세 개의 언어를 기본으로 하게 된다. 한국의 비즈니스 환경 역시 마찬가지가 될 것이다. 앞으로 롱런을 하기 위해서 외국어 능력은 필수적이라는 것이다.

몇 년 전 졸업 예정이었던 국내 유명 대학원의 학생들을 대상으로 외국계 금융회사의 현황과 입사에 대해 강의를 진행한 적이 있다. 나는 그들에게 영어로 5분간 간단히 면접을 볼 것이라고 이미 이야기하고 준비를 시켰는데도 불구하고 자기소개를 5분 이상 할 수 있는 사람들은 드물었다. 나는 한 번도 보지 않았던 토익 시험을 거의 만점에 가깝게 받은 사람도 실제 영어 실력은 기대 이하였다.

나의 경우 외국어를 효과적으로 공부하기 위해 노력해 왔으며 5개 국어를 사용하는 현재 나름의 방법을 터득했다고 생각한다. 그중에서 가장 중요한 것은 동기였다. 누군가 영어든 보디빌딩이든 기타 연주든 어떤 것을 배우고자 한다면 나는 왜 그것을 배우려고 하는지를 먼저 물어본다. 뚜렷한 목적의식이 있고 재미와 흥미가 있어야 끝까지 할 수 있기 때문이다. 예를 들어 홍콩에 있는 학생들에게 왜 한국어를 배우고 싶은지 물어보면 토픽 시험을 봐서 한국의 기업에 취업 혹은 유학을 가고 싶다는 학생, 아니면 한국의 가요와 드라

마에 관심이 많아서 여행을 가기 위해 한국말을 배우고 싶다는 친구들도 있다. 각자의 목적에 따라 한국어를 배우는 방법, 가르치는 방법은 달라질 것이다. 즉 한국어를 공부하는 학생들에게는 문법을 위주로, 여행을 하고 싶은 학생들에게는 흥미 위주의 한국말을 가르치는 것이 효과적일 것이다.

나는 고등학교 때 영자신문반, 영어회화반, 락밴드 활동을 했다. 모두 내가 흥미가 있고 좋아서 자발적으로 한 것들이었다. 특히 내가 일본어와 중국어를 상대적으로 쉽게 배운 이유는 한자를 읽고 쓸 수 있다는 점 때문이었다. 최근에는 한자에 필요성을 느끼고 배우는 학생들이 드물다. 나의 경우 초등학교 무렵부터 집 근처의 절에서 스님에게 서예를 배웠다. 이렇게 어린 시절부터 한자를 익히게 되면서 이후에 중국어 일어를 공부할 때 쉽게 익힐 수 있었다.

한자를 배우면 일본어 발음이나 홍콩의 광둥어(廣東語) 한자식 발음이 우리나라 한자식 발음과 매우 흡사하다는 것을 알게 된다. 대륙에서 쓰는 중국어는 간단하다는 의미로 간체(簡體)를 쓰지만 일본어, 대만, 홍콩은 번체(繁體)를 쓰고 있다. 현재는 중국 본토의 발음은 예전과 많이 다르다. 왜냐면 중국은 언어의 통일을 시키기 위해서 발음과 철자를 대대적으로 간소화했기 때문이다. 60-70년대의 중국의 공산당 전당대회 사진을 보면 같은 중국 사람들끼리 말을 못 알아들어서 통역을 위해 헤드폰을 사용하는 모습을 볼 수 있다. 한편 일본 대만 홍콩은 중국 본토와는 다르게 옛 한자 발음을 거의 그대로 가지고 있기 때문에 우리나라 한자와 발음이 비슷하다. 때문에 우리의 한자를 그들이 발음을 할 수 있다면 일본 대만 홍콩 사람들도 한국어를 비교적 쉽게 이해하고 발음할 수도 있다.

주의해야 할 점은 외국어를 표현할 때 실수하는 것 중에 하나가 한자식으로 외국어를 표현하려는 것이다. 차라리 단어만 많이 외워도 상당히 도움이 된다. 외국인들이 알아들을 수 있는 우리말 단어만 말해도 우리가 알아들을 수 있는 것처럼, 외국어도 단어만 적절하게 이야기하면 의사소통에는 큰 문제가 없다. 실제로 홍콩의 학생들에게 나는 이렇게 가르치고 있다.

길을 걷다가 외국어로 표현하는 문장, 단어가 궁금해질 때가 있다. 그럴 땐 바로바로 찾고 기록을 해두는 것이 좋다.

그날 적어둔 표현들을 당일 공부하는 버릇이 몸에 배이게 하는 것이다. 나의 경우 표현하고 싶은 단어나 문장이 있다면 바로 수첩에 적어두었다가 그날 안에 사전을 찾거나 선생님께 물었다. 또한 새로운 단어는 수첩에 한국어 영어 중국어 일본어 독일어로 각각 뜻을 적고 비슷한 단어와 반대말을 함께 적어두었다. 예를 들어 '가다'를 영어 중국어 일본어 독일어로 쓰고 반대말인 '오다'를 함께 정리하여 여러 국가의 언어를 한눈에 살펴볼 수 있는 사전을 만드는 것이다.

한편으로 나는 앞으로 독일어가 유망하다고 생각한다. 독일은 선진국 중에서 프랑스와 더불어 인구가 늘고 있는 몇 안 되는 나라이다. 독일은 시리아와 같이 해외에서 내전이 일어나 자기 나라를 떠난 유능한 사람들을 대거 받아들이고 있다. 향후 이 사람들이 한 세대가 지나서 독일 사람으로 동화가 되는 10~20년쯤 후에는 독일의 경제를 뒷받침하는 인재로 성장할 것이라고 본다. 꼭 영어뿐만 아니라 앞으로의 세대에게는 독일어 등 유망한 나라의 언어를 공부하는 것이 분명 이점이 있다는 것이다. 또한 홍콩에 살던 한국인들의 자제들이 많은 돈을 들여 국제학교를 다니고 미국이나 영국으로 유학을 가는 모습을 보았다. 그런데 현지 로컬학교에서 공부를 한 친구들은 광둥어와 중국어, 영어와 한국어까지 할 수 있게 되어 오히려 홍콩에서 취직이 잘 되고 있는 상황이다. 실제로 해외 주요 은행들의 딜링룸에서 이러한 사람들이 채용되고 있다.

아이들을 어려서부터 굉장히 비싼 유치원에 보내기도 한다. 토마스, 잭, 피터와 같은 영어 이름도 갖게 한다. 아이들이 영어학원에서 집으로 돌아와 먼저 하는 말은 뭘까. '엄마 나왔어' '배고파 밥 줘'와 같은 매우 일상적인 이야기일 것이다. 이럴 때 부모들은 반드시 영어로 대답을 해줘야 한다. '뭐 배웠니' '배고프지?' '뭐 해줄까'라며 한국말로 받아준다면 그날 배운 것을 거의 잊어버리게 된다. 사실 우리나라 아이들은 하루에 영어를 사용하는 시간이 한국어를 하는 시간과 비교해서 턱도 없이 부족하다.

한국에 살고 있다면 '귀청소'를 권한다. 귀청소는 영어에 적극 노출시키는 영어학습법이다. 능숙하지 않더라도 가족들이 함께 영어를 사용하는 것이다. 영어를 공부하면서 집에서는 한국말로 대화하고 한국 TV를 본다면 그만큼 효율이 떨어질 것이다. 집에서도 영어에 계속 노출될 수 있도록 영어방송을 틀어놔야 한다. 내가 어릴 적 부모님은 텔레비전 채널을 주한미군방송 AFKN으로 고정시켜 놓았다. 물론 처음에 무슨 말인지 전혀 못 알아들었지만 계속 듣다 보면서 그들의 발음,

뜻이 조금씩 들리게 되었다. 그것이 바로 귀청소다. 내가 중고등학교 시절, 잡음이 덜 섞인 라디오를 듣게 위해 심야에 일본 방송을 틀어 놓고 일본어를 공부했다면, 지금은 귀청소를 할 수 있는 수단들이 정말 많아졌다.

특히 해당 나라의 뉴스를 많이 보는 것을 추천한다. 앵커들의 정확한 발음과 표현에 익숙해지는 것이다. 예능이나 드라마를 통해서 외국어를 들을 수도 있지만 은어나 속어가 많아 공식적인 자리나 고객을 상대해야 하는 커뮤니케이션으로는 부적합한 경우가 많다. 영어를 사용하는 외국인과 전화로 귀청소를 할 수도 있다. 바쁜 시간을 쪼개서 실제로 필리핀 사람과 통화하는 사람도 봤다. 외국인 교회나 성당에 가는 것도 방법이다.

내가 대학교 다닐 무렵은 중어중문학과가 막 생겨나는 시기였다. 나는 중국 유학생들에게 한국어를 가르쳐주고, 그들에게서 중국어를 배웠다. 영어 회화를 하기 위해 이태원에 가서 무작정 프리 토킹을 하기도 했다. 대학시절 가이드 자격증을 취득해서 경복궁이나 덕수궁, 부여나 경주 또는 민속촌에 가서 가이드 일도 했다. 심지어 모르몬교 선교사들과 어울리며 영어를 익힐 기회를 만들고자 했다. 미국에서 유학 중일 때도 기숙사에서는 매주 중국인의 날, 일본인의 날이 있었다. 나는 그런 행사에는 빠지지 않고 참석해서 친구들을 만들고 이야기하면서 외국어 공부를 하고 한국어를 가르치기도 했다. 그때의 경험이 지금의 에임하이의 랭귀지 스쿨에 큰 도움이 되고 있다.

싱가포르가 아시아 금융의 허브 역할을 하게 된 것은 '언어'의 힘이 크다고 할 수 있다. 전 세계의 국제적인 기업들이 언어가 잘 통하는 국가를 선택하기 때문이다. 예전에 경제를 담당했던 고위 관료가 우리나라가 아시아 금융의 허브로 도약할 수 있다고 자신만만해하던 인터뷰를 본 적이 있다. 나는 그 고위 관료가 했던 그 인터뷰 내용을 그 사람 본인이 영어로 말할 수 있다면 우리나라가 정말 국제금융의 허브가 될 수 있다고 생각했다. 우리나라 외교관 10명 중 2명은 영어 실력이 의사소통이 어려울 정도의 낙제 수준이라는 기사가 있었다. 기사에 따르면 외교부 고위 관료가 외교관들의 영어 실력이 부족하다며 대놓고 지적한 것으로 알려졌다. 보도에서는 "한국의 국격과 국력에 비해 외교관의 영어 실력이 너무 부족하다"라며 대책 마련을 지시할 정도였다.

왜 일본은 세계적인 경제 대국이면서도 국제금융허브 역할을 하지 못했을까. 바로 언어에 이유가 있다고 생각한다. 일본은 내수가 크기 때문에 경쟁력을 유지할 수 있지만 우리나라는 해외와 부지런히 교류해야 성장을 도모할 수가 있다. 그러기 위해 영어와 각국의 언어들은 아주 중요한 인프라가 된다. 예를 들어 해외 관광객이 왔을 때 가게의 주문받는 카운터에서 최소한 한 명은 손님과 소통할 수 있어야 하고, 국내 어느 은행 상담창구에 가더라도 외국인이 쉽게 영어로 계좌를 열 수 있을 정도의 영어 인프라가 갖춰져야 한다. 즉 영어의 상용화가 필요하다고 생각한다.

행운은 준비하고 있는 사람을 더 좋아한다.
- 파스퇴르

업무와 관련된 어떠한 질문이 들어와도 능수능란하게
대답할 수 있는 내공을 갖춰라

세일즈 파트에서 헤드의 위치까지 오르려면 언제 어디서 자
신의 업무와 관련된 어떤 질문이 들어와도 5분에서 10분 이상
설명할 수 있는 수준이 되어야 한다. 예를 들어 거래처, 클라
이언트, 정부 관계자 등과의 갑작스러운 미팅에서 러시아, 중
동, 남미 등의 시장 상황에 대한 질문이 들어오기도 한다. 사
전에 계획되어 있지 않은 자리에서도 질문에 능수능란하게 대
처할 수 없다면 헤드 자리의 자격이 없다고까지 볼 수 있다.

내가 홍콩에서 일할 당시 미국에서 발표하는 금리를 보고
투자가들이 매매를 결정하게 되는데, 그 발표 시간이 아시아
지역은 새벽이다. 때문에 밤낮이 따로 없는 항시 대기 상태의
업무 스케줄이 계속됐다. 그래서 '와이프는 옆자리에 없어도
블랙베리는 내 옆에 항상 있어야 한다 '는 증권업계의 농담이
있을 정도였다. 새벽에도 시장에 어떤 변화가 있다면 회사나
손님에게 전화를 하거나 이메일을 즉시 답을 보낼 수 있어야
했기 때문이다.

딜링룸 직원들과 함께 로헤이(싱가포르에서
연초에 먹는 음식)를 먹으며 자주 단합을 했다

세일즈 업무를 하다 보면 판매뿐만 아니라 보고서 작성, 시장조사, 거래처 미팅 등 혼자서 여러 명의 일을 한꺼번에 처리해야 하는 경우도 많다. 그렇게 업무가 쌓일 때 독불장군처럼 혼자 안고 가는 것은 점점 더 무거워지는 짐을 메고 산을 오르는 것과 같다. 나는 직원들에게 일을 해보도록 많이 시켜보았다. 남들에게 적절한 보상을 해주며 일을 시키고 나누는 능력은 세일즈맨에게 아주 중요한 부분이다. 필요로 하는 것을 잘 설명하고 납득시킬 수 있는 능력이 있다면 훨씬 더 많은 일들을 할 수 있기 때문이다.

그래서 평소에 직원들과 소통하는 것이 중요하다. 자신이 만든 관계의 테두리에 갇히기 시작하면 협업이 필요할 때 정작 도움을 요청하기 어려운 관계가 되기 쉽다.

나의 경우 내 사무실이 있었음에도 방에는 거의 있지 않았다. 오히려 시장 상황을 알 수 없게 되기 때문이다. 딜링룸에서 직원들과 함께 시장 상황을 체크하고 상품에 대한 아이디어를 내며 상품을 만드는 것이 내가 가장 중요시하는 업무였다.

신입시절 회사의 선배들은 자신이 맡고 있는 분야에 대해서 수시로 사내 강의를 해주었다. 나는 그곳에서 학교에서 배우지 못했던 부분, 즉 실제로 세일즈가 어떻게 돌아가는지 생생하게 배울 수 있었다. 그래서 최근까지도 사내 직원을 대상으로 1:1 또는 다수에게 실용적인 내용의 강의를 자주 진행해왔다.

우리나라에서 활동하는 선배 동료 후배들의 이야기를 들어보면 위로 올라갈수록 아래 직원들과 격리가 되고 시장의 동향은 국내 신문을 보면서 계속 뒤처지게 되는 경우가 있다. 현재 국내 증권사 고위급 직원들 중에 즉흥적으로 세계 각국의 경제상황과 정치 사회적 위협 및 기회요인을 10분 이상 이야기할 수 있는 사람은 많지 않을 것 같다. 오히려 직급이 올라갈수록 사내정치와 고위층과의 관계 맺기에 몰두하게 되는 경우가 많다.

결국 회사는 통합과 효율을 원하기 때문에 고위 직책으로 갈수록 나의 능력을 높인다면 기회는 많아지게 된다. 진급 경쟁과 사내 정치에 몰두하기보다는 세일즈맨으로서 어떤 질문이 들어와도 논의할 수 있는 실력을 갖추는 것이 훨씬 더 중요한 롱런의 조건이 된다.

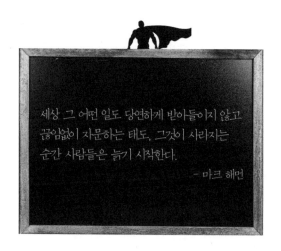

세상 그 어떤 일도 당연하게 받아들이지 않고
끊임없이 자문하는 태도, 그것이 사라지는
순간 사람들은 늙기 시작한다.

– 마크 해먼

신입사원   해외에서 세일즈 업무를 하고 싶은데, 언어도 한 계가 있고 이민을 가지 않는 이상 외국인이라 평 생직장이 되기 어려울 것 같다는 생각이 들기도 합니다. 방법이 있을까요.

전무님   우선 한국에서 사업 혹은 직장의 수입이 좋지 않 다고 해외로 발길을 돌리려고 하는 사람이 있다 면 저는 일단 반대합니다. 한국에서 그만큼의 수 익을 만들 수 없다면 해외에서도 마찬가지일 확 률이 높기 때문입니다. 더군다나 언어와 나이 문 제까지 있다면 정말 대책이 없는 상황이 될 수 있 습니다.

     반면 사회 초년생의 경우 어린 나이에 일찍 준 비를 해서 해외를 나가는 것은 대환영입니다. 세 계 각국에서 취업을 위해 넘어온 사람들을 보 면 대체적으로 정말 많이 고생을 하고 있습니다. 그리고 한국이 얼마나 좋은 나라인지 알게 된다 고 합니다. 그럼에도 불구하고 기회를 찾고 자리 를 잡고 싶다면 언어가 가장 기본이고 중요하다 고 말하고 싶습니다. 언어가 안 된다면 아무것도 안되기 때문이죠. 최소한 영어는 유창하게 할 수 있고, 해당 국가의 언어로 의사소통이 가능해야 세일즈 업무를 할 수 있습니다.

이곳에 읽은 후 느낀 점이나 기록할 것들을 적어보세요

PART 4

세일즈는
죽지 않는다,
다만
변화할뿐이다

똑같은 일상이라도 매일 일기를 쓰자

나는 매일, 매주, 매달, 매년의 계획을 짠다. 매일의 계획은 주로 아침에 샤워를 하면서 세운다. 전날의 시장 반응과 당일의 시장 상황, 그리고 오늘은 무엇에 우선순위를 두어야 할지를 곱씹어 본다. 세일즈가 하는 일은 패션과 같아서 결국 돌고 돈다고 할 수 있다. 오래전 기록해둔 업무일지를 보면 약간씩 변형해서 아직도 팔리고 있는 상품들이 많다. 특히 금융상품의 경우 약간의 구조를 바꿔서 다시 시장에 나오는 경우가 매우 흔하다. 결국 세일즈에 한해서는 누가 먼저 만들었느냐가 아니라 누가 먼저 새롭게 변용해서 고객이 원하는 상품으로 보이게 하느냐의 싸움이다. 그것을 파악하는 것은 당시의 언론 자료가 아닌 내가 쓰는 일기가 가장 큰 도움을 준다.

그런데 우리의 머리는 한계가 있기 때문에 너무 많은 것들을 머리에 담아둘 필요가 없다. 때문에 셀렉티브 메모리(Selective Memory)라고 하는 선택적 기억이 세일즈맨에게는 필요하다. 예전에는 암기를 잘하는 사람이 공부에서건 영업에서건 유리했다. 그러나 지금은 머리에 잔뜩 담아두고 있는 것보다 덜어낼 것은 덜어내고 융통성 있게 대처하는 것이 훨씬 나은 시대가 되었다.

즉 셀렉티브 메모리는 내가 선택한 중요 정보를 기억하고 그렇지 않은 정보는 다른 도구를 이용해서 저장을 하는 것이다. 그렇게 되면 외우기 위한 시간의 낭비는 줄이고 기억하고 싶은 것에 선택과 집중을 할 수 있다. 그러면 자연스럽게 업무의 성과는 높아지게 된다.

이를 위해 나는 아직도 그날의 시장 상황과 업무일지를 적은 노트를 써오고 있다. 회사에서는 노트를 반으로 접어서 왼쪽에는 그날의 시장 상황, 오른쪽에는 나의 업무 일지를 쓴다. 물론 실수를 한 것도 쓴다. 우리는 실수를 통해서 발전을 하기 때문에 중요한 자산이 되기 때문이다. 이것은 지금 수십 권의 노트가 되었다.

핸드폰이나 녹음기 또는 온라인의 편리한 기록 도구가 있다면 그것을 사용해도 좋다. 중요한 것은 시장 상황과 아이디어를 지속해서 기록으로 남기는 일이다.

세일즈는 즉흥적으로 그때그때 상황에 임기응변으로 대응하며 하는 것이 유리하다고도 말한다. 그러나 감히 말하건대 유계획은 성공이고 무계획은 실패에 가깝다. 하루, 한 주, 한 달, 일 년의 계획을 기록하고 수시로 점검하면서 실행에 옮기자.

퇴로를 항상 생각하고 만들어 두자

현재 아무리 잘 나가는 세일즈맨이라도 늘 시장의 변화를 염두하고 투자가들과의 미팅을 통해서 다음 상품도 준비하는 습관을 길러야 한다. 그래야 시장이 바뀌어도 새로운 상품으로 빠른 대처가 가능하다.

투자자들에게 미팅을 하러 갔을 때 내게 아무리 적합해 보이더라도 반드시 어떤 한 가지 상품만을 고려해서 판매하려고 하는 것은 좋지 않았다. 고객이 어떤 이유에서건 경계심을 계속 갖거나 호감을 나타내지 않는 경우, 내가 제안한 상품이 아무리 좋다고 확신해도 플랜 B, 플랜 C를 준비해서 제안할 수 있어야 한다. 그래서 상품에 대한 반응에 일희일비하기보다는 여러 옵션들 중에서 한 가지에 반응이 좋지 않구나 하는 긍정성을 유지하는 것이 중요하다. 이거 어떡하지, 큰일 났네라고 생각하면 정말 그렇게 된다. 큰 그림을 보고 긍정성을 유지할 수 있어야 한다는 것이다.

나 역시 고객과의 이견이 생겼을 때 준비해둔 플랜들로 투자가의 마음을 얻고 거래를 했던 경우가 많았다. 언제나 세일즈맨은 제2, 제3의 상품을 제안할 수 있어야 하는 것이다.

신입사원 현재 중소기업 마케팅 부서에 다니고 있습니다. 갈수록 대기업 제품을 선호하고 저희는 인지도가 너무 떨어진다고 느껴집니다. 어떻게 대처해야 하나하나요.

전무님 중소형 회사라도 분명 찾는 고객이 있고 그만의 장점이 있습니다. 그 장점을 극대화하는 것이 중소형 업체가 경쟁력을 갖출 수 있는 하나의 방법이라고 생각합니다. 자신의 업체에서 제공할 수 있는 가장 큰 메리트를 무기로 삼고, 거기에 제2, 제3의 상품까지 제시할 수 있는 포트폴리오를 갖추는 것입니다. 대기업들이 빠르게 적용하기 어려운 부분에 선택과 집중을 하는 것이죠. 거기에 더해 능동적으로 고객을 발굴하려는 노력을 한다면 충분히 경쟁력을 갖출 수 있다고 생각합니다. 그리고 저는 힘이 들고 스스로의 능력에 대해 의구심이 들거나 나태해졌을 땐 프로야구 2군 선수들의 경기를 봅니다. 1군으로 가고 싶어 하는 그들의 눈빛을 보면 나도 모르게 힘이 충전이 되기 때문이죠.

전무님이 알려주는 세일즈 팁
- 고객과 프렌드가 되는 법

　나는 해외에 출장을 가거나 고객들과 해외 세미나를 가면 그 나라의 맛집에 간다. 그리고 함께 동행한 고객들과 사진을 찍는다. 그리고 나중에 고객들에게 보내주면 상당한 플러스를 얻는다. 세월이 흘러도 그 당시 함께 맛집에 들렀던 사진, 함께 모임을 했던 사진들을 보여주면 그 사이의 기간이 무색하게 반가워한다.

　현재는 자산운용사의 임원이 된 분과 아주 오래전 그분이 대리 시절 당시 함께 골프를 쳤던 사진을 보여주었다. 그는 너무나 반가워하며 자신의 핸드폰에 저장하고 그 시절에 대해 이야기를 꺼냈고 자연스럽게 세일즈 이야기까지 이어졌다. 그때 함께 골프 라운딩을 했던 당시 증권사의 과장은 현재는 임원이 되었고, 지금까지도 함께 했던 사진들을 보면서 연락을 주고받는다. 이처럼 관계에서 기념이 되거나 기억할만한 것들을 확보해두는 것은 관계를 더욱 돈독하게 하는데 용이하다.

SWOT 분석은 세일즈맨에게 여전히 강력한 도구

우리나라의 기업문화, 특히 세일즈 부분에서 상당히 아쉬운 점이 있다면 결론이 없는 회의들이 너무 많다는 것이다. 사내 미팅 혹은 내부 행사와 세미나 등이 열리면 그렇게 활발하던 세일즈맨들도 주니어이든 시니어이든 듣기만 하는 상황이 자주 펼쳐진다. 세일즈맨이라면 과감하게 참여를 하면서 자신의 의견을 피력해야 하는 것도 중요한 능력 중 하나다. 직원들은 적극적으로 의견을 어필하고, 상사는 개인방에만 있지 말고 밖에 나와 적극 소통하고 시장의 흐름을 체감해야 한다.

그러나 한국에서 은행의 PB 센터, 지점장 모임, 대학 등에 가서 강의를 하다 보면 토론이나 미팅에 적극적으로 참여하고 발표하는 모습이 많지 않다. 회사 내부에서 토론할 기회는 많아졌지만 여전히 경직되고 소모적인 경우들이 많은 것이다. 최선의 결론을 위한 것이 아니라 감정 소모, 눈치 싸움, 줄 서기가 아직도 남아있는 것 같아 아쉬운 생각도 든다. 결론을 도출하고 그것을 밑받침하는 논거를 대며 최선을 이끌어내는데 초점을 맞춰야 한다.

그렇기 위해 우리는 먼저 각자가 생각하는 결론부터 이야기할 필요가 있다. 현재 상황에서 우리가 가진 강점, 보완해야 할 점, 우리에게 기회가 될 요인과 위협요인을 알고 있다면 해결책을 찾는데 큰 도움이 된다.

'지피지기면 백전백승'이라는 손자병법의 시사점을 SWOT만큼 확실하게 보여주는 분석 도구도 없다. SWOT 분석은 기업의 내부환경을 분석하여 강점(strength)과 약점(weakness), 기회(opportunity)와 위협(threat) 요인을 규정하고, 이를 토대로 마케팅 전략을 수립하는 기법이다. 그리고 이것은 여전히 강력한 상황 점검 도구이다. 업무에서 어떤 일이 일어났을 때 막연한 두려움을 갖기보다 냉정하게 대처할 수 있는 습관을 갖게 해준다.

세일즈맨에게는 시간이 돈이다. 따라서 1시간 이상 이어지며 논점이 흐려지는 회의 대신 빠른 상황 파악과 결론에 집중해보자. 세일즈에서 현재 시장 상황을 바꾸는 변수들은 너무나 많다. 바텀부터 결론에 도달하기 위해 논의를 진행한다면 결론이 나올 때는 이미 시장 상황은 변해있을 가능성이 크다. 결론을 각자 이야기하고 거꾸로 그것에 대한 분석을 논의하는 것이 효과적일 수 있다는 것이다. 즉 탑다운 어프로치를 해야 한다. 세일즈에 있어서 결정 단계를 더욱 신속하고 간결해야 할 필요가 있는 것이다.

2009년에 내가 다니던 드레스트너 은행이 코메르츠 은행과 합병을 했다. 그곳에서 첫 분기 보고서 작성을 준비하며 다른 코메르츠 은행 출신 직원들이 작성하는 보고서들을 살펴봤다. 해당 분기에 대한 상황분석을 온갖 수식어와 도표로 마치 형식에 꿰어 맞추기 위한 글처럼 쓰여 있고, 결론은 그에 대한 부연설명을 하면서 어중간하게 끝나는 것이 대부분이었다.

나는 보고서 작성 방식부터 바꾸기로 했다. 그것은 특별할 것도 없는, 너무나 많은 사람들이 알고 있는 한 장짜리 SWOT 분석이었다. 우리가 가진 강점으로 얼마의 수익을 얻었고, 각 지점별로 수익을 감소시키는 약점과 우리가 가진 기회, 정부의 규제나 경쟁사의 새로운 상품 등의 위협요인을 한 페이지에 쓰는 것이다. 그에 따라 우리가 취해야 할 행동을 한 페이지로 끝내서 총 두 페이지를 넘지 않는 것이다. 현재는 회사 내 다른 팀들도 이러한 방식으로 보고서를 사용하고 있다.

예측을 벗어나라

사람들이 나에 대해서 생각하는 예측, 규범에서 벗어나는 파격적인 행동과 생각을 적극적으로 어필하는 것은 세일즈맨으로서 성장하는데 필수적인 요소이기도 하다. 많은 사람들이 금융업계에서 30년간 일했던 사람인 내가 왜 그들의 예상과 달리 은퇴 후 한국의 문화콘텐츠 사업을 하는지 의아해한다. 그러나 거꾸로 생각하면 일단 그들의 관심을 끄는데 성공한 것이라고 볼 수도 있다. 고객은 다른 곳에서 제공받지 못했던 아이디어와 상품들을 나를 통해서 듣고, 내가 그것을 지속적으로 제공할 수 있다면 나에 대한 관심은 커지게 된다. 말하자면 나는 세일즈 업계 일선에서 은퇴한 지금도 여전히 세일즈를 하고 있는 것이다.

세일즈맨을 하는 동안 고객들과 미팅을 하러 갈 때 항상 나와 회사의 강점이 잘 나타낸 상품을 제안하려 했다. 특화되어 있는 상품의 경우 경쟁사가 예측하기 어려운, 나만이 제안할 수 있는 부분들이 많았다. 고객들은 나와 회사의 강점을 알게 되고, 경쟁사가 베낀다 해도 좁힐 수 없는 격차가 있었기 때문에 거래를 늘려갈 수 있었다.

돌이켜보면 여러 유수 잡지사에서 아시아의 투자가를 대상으로 서베이를 해서 수상하는 아시아 하우스 오브 더 이어 상을 같은 부분에서 몇 년 동안 연속으로 수상할 기회가 있었다. 선택과 집중의 결과로 커머디티와 ETF 하우스 오브 더 이어 상을 받은 것이다.

자신이 계획대로 원하던 대로 안된다면 빨리 포기하고 다음을 도모해야 한다. 용감한 것과 무모한 것은 확연하게 다르다. 무모한 것은 시간 낭비이며 본인에게도 큰 스트레스가 된다. 안될 때는 빨리 포기하고 다음을 기약하는 것이다.

그래서 중요한 것은 너무 욕심을 내지 않는 것이다. 우리는 세일즈맨으로서 지극히 현실적인 사람이 되어야 한다. 동시에 몇 가지를 하려 해서 오히려 이것도 저것도 안 되는 경우가 많았다. 현실적으로 두 마리 토끼를 잡기가 힘든 것처럼 우리에게 주어진 모든 상품을 팔 수는 없다. 잘하는 것에 선택과 집중을 하고 회사의 강점을 파악해서 그것을 특화해

서 밀어야 한다. 그러기 위해 안 되는 부분들은 과감히 내려
놓고 내가 가장 자신 있는 것, 가장 잘하는 것을 선택해서
공략하는 것이다.

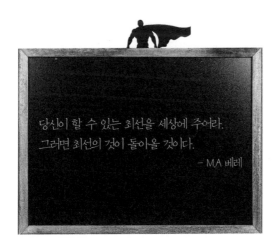

당신이 할 수 있는 최선을 세상에 주어라.
그러면 최선의 것이 돌아올 것이다.

- MA 베레

업계 동향을 파악하는 자신만의 가늠자를 가져라

　나는 20년 동안 이코노미스트와 타임즈를 읽고 요약을 해서 저장을 해왔다. 언제 적 잡지를 말하는 거냐고 할 수도 있겠지만 여전히 굵직굵직한 전 세계의 경제 문화 사회 이슈들에 대해 이코노미스트만큼 통찰과 대안을 제시하는 잡지도 없다. 타임즈의 경우는 미국의 경제, 문화 분야에 특화되어 깊이 있게 알게 해준다.

　또한 사람들을 많이 만나는 것이 필요하다. 나는 세일즈에 있어서 그 사람의 성과나 평판이 아무리 뛰어나도 얼굴을 직접 보지 않고는 거래를 하지 않는다. 직접 대면을 함으로써 얻게 되는 신뢰는 그 사람의 이력보다 훨씬 좋은 가늠자가 되는 경우가 많았다(이것은 내가 관상을 취미로 보기 때문일지도 모른다). 요즘은 전화나 이메일로 인사를 나누고 곧바로 세일즈를 거래하는 방식이 무척 많아졌다. 그러나 직접 대면의 효과는 여전히 훨씬 강력하다.

　언론사 학계 등은 이미 지나간 또는 죽은 지식을 활용하기도 한다. 예를 들어 몇 년 전 하버드에서 경제학 교과서를 다시 만들어야 한다는 진지한 논의가 있었다. 예전의 경제학 이론과 현재의 시장 상황은 너무나 큰 차이가 있기 때문이다.

금리가 내리면 주식이 오르는 것이 교과서의 정설이지만 이제는 이러한 기본적인 이론들도 맞지 않는 경우가 많다. 시장이 너무나 다변화되었고 시장을 움직이는 소수의 주체들의 힘이 약해지면서 이제는 교수나 학자들의 이야기와는 다르게 시장이 움직인다.

예전에 어느 신문사에서 미국의 유명한 석학이라 불리는 교수의 주장을 여러 번 크게 실은 적이 있었다. 금융시장에 다시 한번 블랙먼데이와 같은 공황이 오고 있으며, 투자자들은 급격한 폭락에 대비해 다른 투자처를 알아봐야 한다는 요지였다. 당시 리먼 쇼크 이후 시장이 회복되고 있었고 금리도 매우 낮은 상태여서 투자 심리도 서서히 살아나는 시기였다. 자금들이 넘쳐나는 상황에서 현실의 분위기와는 전혀 맞지 않는 이론만 그럴듯하게 포장해서 대대적인 강연을 하며 알리고 있었다.

국내 모 경제신문사가 수차례 초청을 해서 한국에서도 수백만 원의 유료 강연회를 진행했지만, 최근에는 인터뷰나 강연회를 일절 하지 않고 있다. 그의 예측이 전혀 맞지 않는 죽은 지식이었기 때문이다.

내 경험으로는 살아 숨 쉬는 현실 경제는 언제나 교과서보다 한참 앞서갔다. 학교에서 죽은 지식을 배우고 가르치는 것보다 현장에서 배운 살아 있는 지식이 비교할 수 없을 정도로 많았고 값졌다. 죽은 지식이 살아있는 경제를 이길 수 없기 때문이다.

신입사원　해외 증권사 세일즈맨으로 시작하고 싶은데 무엇을 어떻게 준비해야 하는지 궁금합니다.

전무님　사실 외국계 증권사의 경우 대학교 1학년부터 해외 증권사에 영문으로 된 이력서와 자기소개서를 지속적으로 보내고 인턴 등의 자리의 유무도 확인해야 합니다. 인턴을 했던 회사들이 같은 업종이어야 좋습니다. 예를 들어 로펌과 컨설팅 회사에서 등에서 인턴을 하다가 증권회사에서 인턴을 하는 것보다는 처음부터 끝까지 증권사에서 인턴을 하는 것이 유리합니다. 그곳에서도 여러 다른 부서에서 인턴을 하는 것보다는 같은 본부 같은 부서에서 같은 일을 하는 것이 중요합니다. 선택과 집중이죠.

　요즘은 인턴도 많은 일들을 합니다. 저의 경우엔 상당히 많은 일을 시켰습니다. 처음부터 가르칠 필요가 없이 어느 정도 일을 알고 있는 사람을 뽑는 것이 수월하기 때문입니다. 또한 외국계 증권사에 자신을 소개해 줄 수 있는 사람이 있다면 훨씬 나을 수 있습니다. 예를 들어 같은 동아리 활동한 선후배들을 통해서 본인을 외국계 증권사에 소개해줄 기회를 갖거나 현직 증권사 트레이더 내지 직원 등을 통해 추천되는 경우가 많습니다. 때문에 그 은행의 트레이더나 세일즈맨들을 알고 있다면 입사 가능성이 높아지는 것이죠. 사실 외국계는 인사부는 힘이 별로 없습니다. 딜링룸과 같은 실질적인 힘이 있는 곳에서 일하는 사람들, 외국계 증권사와 거래를 많이 하는 거래처을 통해 소개를 받는 경우가 많습니다. 국내 증권사 파트 중 외국계 증권사 담당자를 만나는 파트에서 친분을 쌓아 이직하는 방법도 있습니다. 외국어를 잘하면 외국계 증권사 사람들을 만나는 기회가 많아지기 때문에 그쪽으로 갈 가능성이 있는 것이죠. 실제로 저도 직원을 채용할 때 저의 투자가나 혹은 기존 증권사의 손님 중에 외국어가 가능하고 열심히 일하는 사람들을 눈여겨보고 있다가 뽑았습니다.

자격증은 거의 의미 없다고 할 수 있습니다. 일부는 해외 증권사에 취업하기 위해 CFA(Chartered Financial Analyst: 국제재무분석사) 등을 준비하기도 하는데, 반영되는 경우는 극히 드뭅니다. 저 역시 CFA뿐만 아니라 토익도 본 적이 없고 채용 시에 반영하지도 않았습니다. 실무에서 외국어로 대화를 하고 읽고 쓸 수 있느냐를 보는 것이지, 영어시험 점수가 중요한 것이 아니기 때문입니다. 오히려 면접 때 직접 대화해 보고 보고서를 작성하는 능력을 높게 평가하게 됩니다. 보통 해외 증권사 딜링룸에서 오래 롱런하는 사람들은 2–3개 국어를 기본으로 합니다. 세계 각국의 고객과 딜러 및 회사 내부의 소통까지도 중요하게 생각하기 때문입니다.

결국 본인의 적성이 맞느냐를 먼저 알아야 하고, 그다음 언어에 있어서 소통에 문제가 없는지, 그리고 스트레스 대처능력을 함께 갖추는 것이 중요하다고 생각합니다.

당신이 하고 있는 일에 온 정신을 집중하라. 햇빛은 한 초점에 모아질 때만 불꽃을 내는 법이다.

— 그레이엄 벨

이곳에 읽은 후 느낀 점이나 기록할 것들을 적어보세요

PART 5

The Show Must Go On
세상에 돈이 있는 한 세일즈는 계속된다

세일즈의 최종 목표는 고객이 나에게 먼저 찾아오게 하는 것

　최근에 홍콩에서 서울의 M호텔 세일즈 담당자와 미팅을 한 적이 있다. 그쪽의 마케터들은 호텔 자체는 명성이 있고 건물도 새로 단장했지만 위치가 투자은행 업계의 사람들이 많이 가는 곳이 아니라서 투자은행 업계 고객의 유치에 고민이 커지고 있었다. 그래서 나에게 투자은행 업계의 비즈니스 고객 유치를 위한 방법에 대해 상의를 해온 것이다.
　나는 즉답을 미루고 반대로 나를 감동시킨 세일즈맨 혹은 호감을 갖게 한 마케팅에 대해 생각해 보았다. 내가 가장 좋아하는 호텔은 C호텔이다. 이곳은 20년 동안 다니면서 내가 건의했던 의견들이 많이 반영된 곳이다. 예전에 비나 눈이 많이 오면 지하에서 로비로 바로 이어지는 길이 없기 때문에 우산을 쓰고 걸어와야 했다. 그래서 주차장 입구에서 호텔 입구까지 비와 눈을 막아줄 유리 통로를 설치할 것을 제안했고, 그 의견이 실제로 일부분 받아들여져 현재는 개폐식 차양

이 설치됐다. 내가 묵는 방에는 내 이름이 새겨진 머그컵과 타월, 가운, 베게, 이불, 슬리퍼도 준비되어 있다. 언제나 즐겨 마시는 보이차를 마실 물병들까지 준비해 놓는다. 나의 골프백이나 보스턴백, 베이스 기타나 보이차를 마시는 수반까지 나의 많은 짐을 보관해준다. 생일이나 명절 때 숙박하면 케이크와 카드, 작은 선물 등이 배달되기도 한다. 그리고 수시로 나를 담당하는 직원이 질문을 하며 불편한 점들을 듣고 반영하려고 노력한다. 고객의 입장을 고려해 먼저 묻고 귀 기울이는 이런 작은 배려와 행동이 감동을 주곤 했다.

고객의 이름이 새겨진 슬리퍼

사실 어떻게 보면 크지 않은 수고들이지만 고객에게 감동을 주고 긴밀한 관계를 맺게 한다. 즉 고객이 원하는 것을 오랜 시간 신뢰를 쌓으며 깊이 알고 있는 것이다. 그동안 다른 호텔들이 여러 가지 편의를 제안하며 숙박을 권했지만, C호텔이 지리적으로 좋은 위치에 있기도 했고, 고객이 원하는 것을 듣고 반영해주려고 했기 때문에 나를 계속 머물게 만들었다.

고객이 먼저 나를 찾아오게 하는 가장 확고한 방법은 이러한 진정성의 바탕 위에 서로 이야기를 들어주고 의견을 반영하면서 긴밀한 관계를 유지하는 것이라고 생각한다. 예를 들어 기관투자가가 궁금해하는 시장 상황이나 상품에 대한 답을 구하기 위해서 세일즈맨인 나에게 연락을 해 온다면 그것은 성공한 비즈니스 관계가 되는 것이다(나는 운이 좋게도 그러한 고객들이 많았다).

결국 M호텔 직원들에게는 고객의 입장을 배려하고 감동을 줌으로써 먼저 찾아오게 하는 마케팅을 하는 것이 우선이 아닌가라는 답을 주었다.

약자는 기회를 기다린다.
강자는 기회를 만든다.

– 앤더슨 바텐

세일즈맨답게?

논어에 보면 군군신신부부자자라는 말이 있다. 군주와 신하 부부와 자식들은 각자 지켜야 할 본분이 있다는 뜻일 것이다. 가수는 가수의 본분을 지켜서 노래를 잘해야 하고, 작곡가라면 작곡가, 코미디언은 코미디언, 교수라면 교수, 정치가라면 정치가, 스포츠맨이라면 스포츠맨으로서 사회에서 자기가 맡은 바 역할에 최선을 다해야 한다.

이것은 오늘날 세일즈의 세계에게도 해당된다. 나는 고객을 위한 상품을 소개하고 만들어주며 애프터서비스까지 책임 있게 해주는 것이 세일즈맨의 본분이라고 생각한다. 룰도 인정도 없는 정글 같은 세계인 것처럼 보이기도 하지만 본분을 잊는다면 처음에는 반짝할 수 있어도 길게 보면 살아남는 것은 본분을 지키는 사람들이다.

세일즈 교육을 받지 않고 세일즈맨이 된, 이른바 갑의 위치였던 세일즈맨은 "형님 마케팅"의 도움 등으로 일정기간 생존하지만, 그것을 믿고 자신의 본연의 임무를 다하지 않으면 결국 도태되기 마련이다. 어떤 상황이건 항상 공부를 하고 세상의 흐름과 꾸준한 자기계발의 노력을 해야 한다.

또한 나는 자신의 나이와 직책에 맞게 행동을 해야 한다고 생각한다. 예를 들어 20대에는 20대에 맞는 행동이, 30대에는 그에 맞는 행동이 있다고 믿는다. 50대에 이르면 자신이 이룬 결과를 향유하고 나누는 것이지, 2030세대처럼 사서 고생을 하는 나이가 아니라고 생각한다. 세일즈 역시 그 나이에 맞게 변화를 줄 수 있어야 한다.

운전은 백미러가 아닌 앞을 보고 가는 것

사실 나는 역사적 사실과 통계라는 개념을 잘 신뢰하지 않는다. 내가 직접 눈으로 보고 듣고 체감해야 신뢰가 생긴다. 우리는 과거의 경험을 바탕으로 미래를 예측해야겠지만, 지나간 역사에 의존하지는 말아야 한다. 미래를 보고 진행해 나가야 한다는 것이다. 우리가 아는 역사, 경험, 조언들은 앞으로 나아가는데 필요한 참고 자료일 뿐이다. 현재 상황이 어떤지 직시하고 어떻게 변해갈지를 고민하며 방향을 잡는 것이 훨씬 더 중요하다.

상품이건 고객에 대한 정보이건 무조건 많이 모으고 채우고 쌓아 놓아야 한다는 선입견이 있는 사람들이 있는 것 같다. 그러나 버릴 줄 알아야 채워진다. 나는 매년 연말이면 연례행사처럼 1년 동안 한 번도 사용하지 않았던 책과 서류, 옷들을 버린다. 자신이 가지고 있는 것을 버리지 못하는 것은 정리를 못하고 있다는 뜻이기도 하다. 내 경험으로 책상 정리가 깔끔한 사람일수록 일 능률이 높았다. 가끔씩 고위공직자들이 수많은 서류가 책상 위에 쌓여있는 모습을 자랑스럽게 보여주면서 매우 일을 열심히 하는 듯한 인상을 주려고 하는 경우가 있다. 하지만 나의 경험으로는 책상이 어지러운 사람들은 일의 강도가 높아서가 아니라 업무에 대한 정리가 안 되어서 일 처리가 늦어지는 경우가 많았다. 깨끗한 책상에서 정리된 생각이 나온다. 서류든 책이던 자료든 자신이 전혀 안 보는 것 것들은 과감하게 치우자. 필요 없이 쌓아두고 있는 것보다 버릴 때는 버릴 줄 아는 세일즈맨에게는 미덕이다.

전력질주를 하려면 앞을 보고 달려야 하듯이 세일즈에 있어서 과거의 상품에 집착하지 말고, 필요하다면 과감히 새것으로 교체하고 바꿔야 한다. 투자가 중에서 지난주 또는 며칠 전 투자를 망설이다가 놓쳐버리고 "그 당시 가격은 이랬는데, 오늘은 왜 이래요"라며 불만을 표하는 사람이 종종 있다. 그럴 때마다 나는 어쩔 수 없이 웃어넘겼다. 세일즈의 세계는 금융시장이 살아 숨쉬기 때문에 항상 현재와 미래에 관점이 맞춰져 있어야 한다.

결국 세일즈맨은 시장의 트렌드를 스스로 세팅하면서 나아가야 한다. 즉 트렌드 세터(Trend Setter)가 되어야 한다. 앞으로 무엇이 떠오를 것 같고, 어떤 것이 주목받을지 항상 고민을 해야 한다는 것이다.

세일즈맨은 실적도 중요하지만 더 소중한 것을 지킬 줄 알아야 한다

처음 가보는 나라에 가면 상점에서 물건을 살 때 마음에 들지만 좀 비싼 것 같고, 아직 다른 상점들이 많이 있고, 돌아갈 때까지 시간이 남았으니 둘러보다 사자고 했다가 그 물건을 사지 못하고 돌아오는 경우가 종종 있었을 것이다. 나 역시 그랬다. 그러나 2001년 5월 생사의 기로에 놓여 있었던 이후로 마음에 드는 것들이 있다면 바로 구입한다. 비록 돌아와서 안 쓰더라도. 왜냐면 후회 없는 삶을 살고 싶기 때문이다. 내가 그때 그곳에 갈걸, 그것을 살걸, 거기에 투자할 걸 하는 것이 정신건강에 더 나쁘다. 지금 스트레스를 받는 일들은 대부분 1년 후면 기억도 못 할 정도로 아주 작은 기억으로 남아있을 것이다. 조금 더 긍정적으로 살기로 한 것이다.

세일즈를 하다 보면 투자가들의 위험 부담이 큰 상품을 해보자는 제안이 주위로부터 들어온다. 단기적인 투자금 모금에는 효과가 있을 수 있지만, 고객의 손해가 뻔히 예상되는 상품을 투자자가 요구를 했다고 하더라도 단호히 거절할 수 있어야 한다. 그래야 험한 꼴 나쁜 꼴을 보지 않기 때문이다. 예를 들어 예전에 국내 증권회사에서 천연가스의 지수연동형 상품을 추진한 적이 있었다. 나는 고객에게 너무나 불안정한 상품이라서 상품개발을 반대했지만, 밀어붙인 증권사는 고객들에게 많은 손해를 끼치게 됐다.

자신은 판매를 하고 수익을 낼 수 있지만, 그것이 고객과 투자가들에게 결코 좋은 상품이 되지 못한다는 것이 뻔하다면, 과감하게 '노'라고 할 수 있어야 한다고 생각한다.

세일즈의 세계에서 정보의 독점은 이제 어렵다. 또한 내가 가진 정보를 고객마다 다르게 이야기하고 내 판매 실적을 위해 성과를 포장해서 설명하는 것은 결국 신뢰를 잃어버리는 길이다. 고객들이 당장은 모를 수 있지만 결국은 알게 된다. 앞뒤가 다르다는 것은 정치나 외교 분야에서 협상 기술로서 통용될 수도 있겠지만 세일즈의 세계에서는 가장 경계해야 할 마음가짐이다.

유리한 정보를 가졌다고 내가 고객을 이용하는 순간, 세일즈는 쉽게 사기로 변질된다. 롱런하는 세일즈는 동등한 관계에서 고객이 좋은 상품에 투자할 수 있는 기회를 제공하는 것이다. 예를 들어 전당포 사나이들(Pawn Stars)이라는 TV 프로그램이 있다. 그들이 거래에 대한 정확한 정보를 공유하지 않고 말솜씨와 가격 후려치기로만 흥정하려고 했다면 그곳은 오래가지 못했을 것이다. 오히려 자신이 모르는 상품에 대해서는 전문가를 불러 고객에게 가격을 공유하고 적정선을 찾는 것이 서로에게 장기적으로 윈윈이라는 것을 알고 있기 때문에 롱런을 할 수 있었다.

또한 나는 사람들이 항상 위를 보고 살아야 한다고 생각하지만 나보다 처지가 어려운 사람들을 살피는 것도 매우 중요한 덕목이라고 생각한다. 이기심보다는 이타심, 동정심보다는 박애주의를 가지고 남들을 배려가 무엇보다 중요하다는 믿음을 가지고 있다. 언뜻 세일즈 능력과는 관련이 없어 보이지만, 이러한 마음을 지니고 세일즈에 임해야 내가 다른 사람의 입장을 세심하게 고려할 수 있는 세일즈맨이 될 수 있다고 믿는다.

이것은 내가 그 의미를 알기 전부터 나의 부모님에게 배웠던 마음가짐이다. 사람은 위를 보고 가지만 항상 아직 어려운 처지에 있는 사람을 함께 봐야 한다는 충고였다. 나는 그것을 실천하기 위해 중학교 때부터 반 친구들과 동네 보육원을 방문하기도 하고, 돈을 벌기 시작했을 때부터는 보육원과 결손가정에 기부를 하고 정기적으로 방문하여 놀아주는 봉사를 하기 시작했다.

개인적으로는 외국에 있는 사람을 돕는 것도 필요하지만, 현재 한국에서 어렵게 생활하고 있는 사람들을 먼저 돕고 기부하는 것이 낫다고 본다. 대한민국의 극빈층이 사라진 후에 외국 사람들에 대한 봉사와 기부가 더욱 의미 있지 않을까라고 생각한다.

나는 최근 30년 동안 몸담아온 증권업계를 떠나 에임하이 홀딩스라는 기업을 홍콩에 세웠다. 기업들에 대한 파이낸셜 컨설팅을 주업무로 하고 있으며 다양한 취미를 가지고 있었기 때문에 한국의 언어, 문화, 여행, 뷰티 및 음식을 홍콩을 비롯한 아시아의 사람들에게 제대로 전파하고 알리는 일도 하고자 한다. 말하자면 한국 문화의 세일즈맨이다.

그동안 내가 한길만 좁게 바라보았다면 문화를 접목하는 일은 손도 대지 못했을 것이다. 이것은 세일즈맨으로서 금융 상품뿐만 아니라 우리나라의 문화에 담긴 잠재력을 알리고 소개하는 일에 꾸준히 관심을 두어왔기에 가능한 일이었다. 세일즈맨은 늘 다양한 것들에 관심을 두고 계획과 목표를 통해 구체화시키며 리스크를 관리할 수 있는 능력을 길러야 한다고 느껴왔기 때문이다.

무엇보다 사업을 시작하기 전에 준비를 철저히 해야 한다. 상황 상 어쩔 수 없이 이것 밖에 할 게 없다고 뛰어드는 것은 오히려 위험한 선택이 될 수 있다. 막연하게 다들 가는 쪽이 아니라 좋아하고 즐길 수 있는 것을 준비하는 것이 훨씬 안전하다는 것이다.

내가 뛰어드는 시장에 대한 공부, 경쟁자에 대한 파악, 창업 이후에 고객들에게 상품을 팔 수 있고 또다시 올 수 있게 만들 수 있느냐가 창업에 있어서 중요한 요소 된다.

또한 초기에는 인적 네트워크가 상당히 중요한 밑거름으로 작용하게 된다. 자신에게 실질적인 조언을 줄 수 있는 파트너를 구하고, 신뢰할만한 직원을 찾는 것은 그 분야에 적지 않은 시간 동안 네트워크를 쌓고 교류할 때 얻을 수 있는 결과물이다. 예를 들어 퇴직 후 치킨과 커피 등 요식업계에 많이 뛰어든다. 그러나 요식업에 대해 새롭게 공부하고 인적 기반을 넓히지 않으면 단순한 가족기업 형태나 자신의 감각만을 믿고 운영하게 되고, 확실한 체계성이 없는 상태에서 작은 시장의 변화에서도 버티기가 어려워지는 경우가 발생하게 된다.

세일즈는 결국 나의 정성과 신뢰를 파는 일이다. 그리고 그것은 내가 관심을 가진 일을 미리미리 준비하는 것에서부터 시작된다고 믿는다.

신입사원   저는 솔직히 창조적인 일을 하고 싶습니다. 세일즈맨은 이미 틀이 갖춰진 것들을 최대한 많이 파는 일이 아닌가요? 세일즈 업무에서 창조적이고 내 개성이 반영되는 일을 하는 것이 가능할까요?

전무님   저 역시 30년 동안 증권 세일즈를 하면서 끊임없이 반복되는 업무를 해왔습니다. 월요일부터 금요일까지 고객에게 판매할 수 있는 증권 세일즈 상품을 고민하고 구성하고 판매하는 업무의 과정의 반복이었다고 할 수 있습니다. 하지만 시장은 계속 변화하고 그에 맞춰 다른 상품을 만들고 판매해야 한다는 점은 생각보다 훨씬 다이내믹한 과정입니다. 물론 자신이 어떻게 업무 루틴을 만드느냐에 따라 이러한 부분은 크게 차이가 날 수 있습니다. '판매'라는 카테고리에만 집중을 한다면 판매와 응대를 반복하는 단순 업무로 느껴질 수 있습니다. 그러나 변화하는 시장을 계속 비교하고 공부하는 것은 결코 단조로운 업무가 아닌 역동성을 필요로 합니다. 어찌 보면 세일즈에는 문화 철학 심리 수학 등이 복합되어 있는 종합예술에 가깝습니다. 그리고 그것은 고객을 만족시켜주기 위한 종합적인 기술이라고 볼 수 있는데, 그렇기 때문에 '판매기술'에만 한정되어 있는 것이 아니라 인성과 교양, 상식까지 요구되는 것입니다.

결국 세일즈 시장은 살아있는 생물처럼 움직이고 그것에 대한 호기심과 흥미를 가지고 공부한다면 얼마든지 즐길 수 있는 분야입니다.

정글과 같이 살벌한 약육강식의 국제 금융 시장에서 30년 동안 일을 하며 나름 산전수전을 겪어왔다고 생각한다. 그런데 나는 외국계 증권사에서 오랫동안 일을 해왔기 때문에 오히려 국내 증권사의 방식이 이해가 되지 않을 때가 많았다. 특히 오랫동안 같은 일을 맡게 되면서 타성에 젖게 되는 부분이다. 본인이 하는 방식이 맞고 가장 효율적이라고 생각하기 때문이다.

예를 들어 한국계 증권사의 경우 헤드로 올라갈수록 개인 방을 선호하게 되고 그 편안한 자리에 앉으면 증권방송과 골프채널 등을 보는 일상에 빠져들게 된다. 거기에 국내 신문의 '소설'까지 읽게 된다.

"동기는 이제 부지점장이 달았는데, 나는?" "나도 본사에서 일했으면 내 동기보다는 잘 할 수 있는데" "유명 대학을 나오고도 커피 심부름을 한다" 이러한 불평들을 들어본 일이 있을 것이다.

세일즈 세계에서 이러한 시스템에 길들여지는 것은 회사 전체뿐만 아니라 자신에게도 경직된 생각과 자세를 가져오고 아무리 잠재력을 갖추고 있어도 타성에 젖어 기회를 잡지 못하게 된다.

수익성 1위에 오른 국내의 M 증권사의 경우 세일즈맨은 스스로 벌어들이는 만큼 많이 가져가는 시스템이 정착되어 있기에 실적이 굉장히 좋아졌다. 기존의 대형 증권사들이 기존의 수익모델을 답습하는 동안 이곳은 몸을 작게 하면서 실속 있게 규모를 키워온 것이다.

흔히들 하이리스크 하이리턴이라는 말을 한다. 기업에게도 세일즈맨에게도 철저한 성과제로서 많이 버는 만큼 많이 받는 시스템이 정착이 될수록 실적이 좋아진다고 생각한다.

외국의 증권사는 딜링룸의 직원들과 다른 부서의 직원들과는 월급부터 상당한 차이가 있다. 심지어 딜링룸처럼 수익을 많이 내는 부서의 비서들조차도 외부 부서 사람들 앞에선 어깨에 힘을 준다. 처음부터 직원을 뽑을 때 미리 철저한 성과제로서 사람을 뽑으면 회사에 들어와서 월급이나 복리 후생에 관해서 불평이 줄어들 것이다. 하지만 아직 국내는 그렇게 되지 못하고 있다. 첨단 금융업을 하는 곳인데도 여전히 인사 관리 시스템은 예전의 것을 답습하고 있는 것이다.

한편으로 외국계와 국내사의 가장 큰 차이점은 여러 가지가 있겠지만 손해를 보면 팀 전체를 해체하거나 팀의 규모를 축소하는 관행이었다. 내가 몸담았던 증권사들은 오히려 그것들 하나하나를 도전으로 보고 자산으로 여기며 노하우를 축적해갔다. 손해를 보면 담당자가 책임을 지고 나가는 분위기에서는 직원들이 그 일을 기피하게 되고, 그렇게 사람들을 자르는 풍토에서는 세일즈 부분이 클 수가 없다는 것을 체감했다.

나는 후배들과 회의를 하거나 업무에 대한 피드백을 줄 때 답을 빨리 재촉하기보다는 그들의 실수를 통해 배우게 하는 것이 큰 도움이 된다고 생각한다. 스스로 생각해서 답을 내놓고 그것이 실제로 적용될 수 있는지, 적용된다면 어떤 결과를 가져올지 연습하고 감각을 기르는 것이 스스로 물고기를 잡을 수 있는 어망을 만드는 일이다. 한국 기업 문화에서는 과연 신입사원들에게 권한을 주고 자신의 능력을 펼칠 수 있는 기반 환경을 제공하고 있는지 고민해볼 필요가 있다고 생각한다.

한국의 대기업 마케팅 부서에서 일찍 승진을 하며 승승장구하던 후배가 있었다. 그는 신입사원들이 선망하는 자리를 하루아침에 그만두고 해외 취업을 하겠다고 싱가포르로 찾아왔다. 상사의 이해할 수 없는 '갑질' 때문이었다고 한다. 자신의 의견은 전혀 반영되지 않고, 상사의 잘못된 결정으로 부서의 실적 압박이 심해지면 자신과 동료들에게 질책이 돌아오는 것을 납득하기가 어려웠던 것이다.

부하직원들이 상사가 너무 짜증이 나고 배울 점도 없는 것 같다는 불만도 많다. 그 사람만 없으면 정말 잘할 수 있을 것 같다는 생각이 들 정도라고 한다.

그런데 상사가 부하직원들과 오랫동안 함께 있다면 서로 불편할 것이라고 생각하는 것은 오히려 편견이다. 그들의 관심사를 공유하고 편안하게 어울릴 수 있다면 그들은 큰 힘을 얻을 것이다. 그래서 젊은 세대들과의 모임과 미팅도 상당히 중요하다. 내가 경험한 외국계 증권사는 위로 올라갈수록 소통능력을 매우 중요시했다. 나는 딜링룸의 인턴을 비롯한 젊은 직원들하고 자주 어울리려고 노력을 했다. 심지어 그들이 하는 포켓몬고 같은 핸드폰 게임을 함께 하면서 공감대를 쌓았고 허물없는 관계를 만들고자 했다. 인턴들과도 함께 운동도 하고 세미나를 가지며 그들의 이야기를 자주 듣고자 했다.

국내외 세미나를 진행할 때는 팀장급 부장급 시니어들도 초대를 하지만, 아직 아무 직책이 없는 주어니들, 대리급 직원들을 따로 불러서 함께 관계를 쌓고자 했다. 눈앞만 보면 현재 고위직에 있는 사람들과 어울리는 것이 진급에 도움이 되는 것처럼 보이지만, 실제로 주어니들, 대리급 사람들이 점차 팀장이 되고 실장이 된다.

또한 회사와 고객의 사이에서 고객에게 일방적으로 불리한 상황인 경우 회사와 맞서서 개선하기 위해 소리 내어 주장해야 한다. 이제는 그런 환경이 되었다고 생각한다. 내가 젊은 시절 일할 때의 한국 사회와 지금은 상당히 바뀌어있다. 후배들과 이야기하다 보면 자신의 의견을 당당히 내고 잘못된 점은 잘못된 것 같다고 이야기를 한다. 예전에는 상상도 못했던 일이지만 좋은 흐름인 것은 분명하다. 비판과 반성이 없이는 변화가 없기 때문이다.

마지막으로 세일즈맨을 포함한 회사원들은 불규칙한 생활과 극심한 스트레스, 음주, 흡연, 운동부족 등으로 건강을 해치기가 쉽다. 따라서 세일즈맨이라면 어느 정도의 기초체력을 항상 다져놓는 것이 매우 중요하다. 나의 경우는 하루에 10000보씩 걷기 위해 계단을 선호하고 오를 땐 2~3계단을 한 번에 오르기도 한다. 아무리 바빠도 걷고 운동하는 것은 잠을 줄이거나 아침 또는 저녁에 시간을 낼 수 있다.

홍콩이나 싱가포르에서는 피트니스 체인점 등을 활용하면 집이나 회사 근처에서 저렴하게 운동을 할 수 있다. 우리나라도 정부 차원에서 헬스클럽을 보조를 하거나 가격을 낮추고 접근성을 높인다면 전 국민의 기초체력이 올라갈 것이다.

나아가 우리나라의 일반 회사 안에도 운동과 샤워시설이 있으면 어떨까 한다. 내가 다녔던 몇몇 외국계 회사의 경우 회사의 건물 내부에 헬스클럽과 샤워시설이 있었다. 일과 운동을 효율적으로 할 수 있는 시설을 갖춘다면 업무 능률은 올라갈 것이다.

에필로그

나는 내 고객의 성공한 라스푸틴이 되고 싶다

나는 지금껏 나의 손님들의 성공한 라스푸틴이 되고자 노력했다고 생각한다. 말하자면 그들이 뭔가를 필요해하고 궁금해할 때 많은 경쟁자들 가운데 나에게 연락이 와서 그들이 가려워하는 부분을 긁어주는 일에 큰 즐거움을 느껴왔다. 현재 에임하이에서도 같은 자세로 일을 하고 있다. 나는 여전히 내 고객들의 성공한 라스푸틴이 되고 싶은 것이다.

얼마 전 고객사의 직원으로 있던 사람에게 은퇴 후 연락을 받았다. 그동안 좋은 상품들을 소개해주어서 감사하고 나에게서 배운 것들을 실천하려고 노력하겠다는 말을 전해왔다.

특히 내가 자신의 롤모델이 되었다는 말이 참 감사했다. 그 말은 들은 순간 나는 세일즈맨으로서 헛된 삶을 살지 않았다는 생각이 들었다.

나는 이 책을 쓰면서 향후에 세일즈 업계에 들어설 많은 사람들에게 꿈과 희망과 용기를 주고 싶었다. 흔히 존경하는 사람들을 꼽으라면 역사 속에 남은 정치가, 철학자, 과학자 등을 보통 많이 이야기하지만 나의 경우 동시대 사람이 아니라면 롤모델로 삼지 않는다. 나는 내 동시대에 살고 있는 사람들, 특히 내 곁에 있는 사람들을 롤모델로 한다. 현재 우리나라 최고의 골키퍼 중 한 명인 조현우 선수도 스페인 출신 현역 프로 골키퍼 다비드 데 헤아를 롤모델로 삼듯이 나도 내 업계 사람들을 롤모델로 삼고 있다. 나에게 롤모델을 물어본다면 나는 주저하지 않고 내 첫 직장인 다이와 증권의 한국 사무소 소장이었던 야마지 데루히사 소장과 사토 도시야 부소장을 꼽는다. 함께 일을 하며 인베스트먼트 뱅커로서 어떻게 행동하고 고객을 대하는지를 관찰할 수 있었다. 거래처에 갈 때마다 아무것도 모르는 사원이었던 나를 항상 대동했다. 옷차림부터 말투까지 세일즈맨의 자세가 베어들 수 있도록 해주었다. 그들은 고객들의 기분을 맞춰줄 줄 알고, 고객들이 만나고 싶어 하는 세일즈맨, 또 부하직원들에게 어떻게 도움을 줄지를 먼저 생각하는 상사들이었다. 그리고 다른 한 명은 마지막 직장이었던 코메르츠 은행의 글로벌 세일즈 헤드이자 나의 직속상관이었던 우리베 하이메씨를 꼽고 싶다. 그는 이 차가운 투자은행 세계에서도 직원들을 가족같이 생각하고 늘 고민까지 들어주며 자신의 일처럼 해결해주고자 노력했다. 진심으로 듣고 느끼고 공감할 줄 아는 상사였다. 이런 분들로부터 상사와 부하직원의 친밀한 관계가 얼마나 중요한가를 배울 수 있었다.

64년 서울 상도동에 태어난 저를 2018년 홍콩에서 이 책을 쓰고 있는 저로 만들어주시고 성장시켜주신 많은 은사님들께도 감사의 말씀을 전한다.

사실 나는 아시아 주요 거점 국가들을 담당하면서도 업무 이외에 다른 아시아 국가들에 여행을 가볼 기회를 갖지 못했다. 휴가가 없이 시장 상황을 계속 지켜봐야 한다는 강박감이 있었던 것 같다. 그동안 열심히 일하다 보니 가족들과의 시간이 없었다는 점이 지금 돌이켜보면 상당히 미안하고 아쉽다. 이 책을 빌려 지금껏 나를 믿고 따라와 준 가족들에게 고맙고 사랑한다는 말을 전하고 싶다.

마지막으로 한 가지 아쉬운 점이 있다면 하고 싶은 이야기는 많았으나 지면의 제약 상 다하지 못한 부분이 있다. 더욱 자세한 내용은 추후 강연 등을 통해 좀 더 많은 이야기를 나눌 수 있는 기회가 있기를 바란다.

전무님은 세일즈에 대해 이렇게 말했지
정글 같은 세일즈 업계의 생존법

1판1쇄 발행 2018년 12월 20일

지은이 김찬호
펴낸이 강준기
펴낸곳 메이드마인드
디자인 투나미스

주소 서울시 마포구 대흥동 241-35호
주문 및 전화 070-7672-7411
팩스 0505-333-3535
이메일 mademindbooks@naver.com
출판등록 2016년 4월 21일 제2016-000117호
ISBN 979-11-964091-2-8